刊行の辞

本書は吉水卓見の語りを録音して、吉水が会長を務める医療法人茜《あかね》会の西川泰功、古川一徳、一ノ瀬友佳子が編集を担当して文字化して、吉水の実妹夫婦である藤嶋哲郎・エイ子にも協力を仰いで制作されたものです。

吉水の生家である無量院に伝承される平家の末裔の平六代こと平高清は平清盛の曾孫です。六代を巡る京築の歴史を織り交ぜ、吉水家の祖先の謂れに触れながら、卓見の自叙伝を添えました。本書の体裁を整えてくれたのは、新日本教育図書株式会社の藤田修司氏と宮下佳奈美氏のお二方です。この場を借りて深くお礼を申し上げます。

ともあれ、私たちは吉水に話を聞き、古《いにしえ》の豊前に遡りながら、京築の歴史を旅して一冊の本となって上梓されることとなったことを望外の喜びとします。この本を手に取られた読者にも、その旅の快楽を共有していただければと願っています。

編集委員　古川　一徳

はじめに

私こと吉水卓見は、九州は豊前の八津田村にある無量院という寺で生まれました。幼少時から身体が弱く、生きているのが奇跡みたいで、小学校は一年生と六年生の二年間しか通学できず、齢《よわい》八十を迎えるまでに、さまざまな病変に見舞われました。私を生かしてくれている不思議な力に感謝しています。

無量院は、平六代《たいらのろくだい》つまり平氏の末裔である平高清をはじめ、平家一門の人々の魂を鎮めるために緒方一族が建立したと伝えられます。『平家物語』巻12の「六代被斬《きられ》」に見る結びの一行は「平家の子孫は永久に絶えた」となっていますが、じつは宇佐神宮の荘園の荘官を務める豊後の緒方惟義《これよし》が配下の賀来氏に命じて、平家の落人の隠れ場所として、密かに塩田城と六枝集落を作らせたとの言い伝えが残っており、そのじつ無量院の周辺は隠語らしき地名に溢れています。惟義はもともと平重盛に従っていましたが、重盛の没後に源氏方に鞍替えして源義経に加担した後ろめたさがあったのかもしれません。

私は医師になり、復帰前の沖縄でハワイ大学のインターンから始めて、いくつかの病院に勤務したあと、外務省では中国の北京とブラジルのリオ・デ・ジャネイロで医務官として勤務し、ついで海上自衛隊に移って遠洋航海の業務に携わり、さらに航空関係の任務にも就きました。

そして、四十代半ばで行き掛かり上やむなく、下関市で従業員わずか三名の吉水内科を開業し、五十代で昭和病院を開設する機会を得て、古希を迎える直前に理事長を退任して会長職に就任し、せわしげな人生を歩み続けています。第一線を退いたあと、少しばかり気持に裕りができて、わが家の家系図を作ってみたところ、興味深い現象に気付きました。祖父母の子供は私の父を含めて四人ですが、私の世代は二十一名と五倍強の末広がりを見せています。ところが、私たちの子供世代は三十名に満たず、一世帯に付き二人以下という人口減少の傾向を見せています。確実に少子化が到来していますが、原因は核家族にあるのではと、昨今の家族構成のあり方に強い危機感を覚えます。

私の祖父母はわが寺から少しだけ離れた距離の長泉院という別の寺を営み、いわば三世代が同居に近い関係にあって、わが家にはいつも十人前後の住人がいて、私は先祖の魂を感じながら少年期を過ごしました。小単位の家族化が進行すると、家の歴史が伝わらなくなるのではと懸念しています。

人は誰しも故郷を持ち、先祖を尊ぶ気持を潜在させているはずです。私は西山浄土宗の寺院に生まれ、いつも由緒ありげな仏様たちが側にいたからか、いつしか法然上人の足跡を辿るようになり、悩みながらも安らかな心を求めて、終活を棚上げした余生を送っています。

吉水家の家系を尋ねるうちに、思いも寄らず故郷の京築史に足を踏み込んでしまいました。僭越ながら、わが家の概史を本書に添えることにしましたが、家の歴史は誰にでもあるはずで、皆様の自伝の参考になれば嬉しく思います。

令和五年十二月二十五日　　吉水卓見

源平合戦の残り香　～無量院の六代

―目次―

第四章　懐良親王の九州盛衰史

第五章　戦国の世を潜り抜けた無量院

ある吉水家の小史

第六章　吉水家のファミリー・ヒストリー

日本史に見る京築の哀史

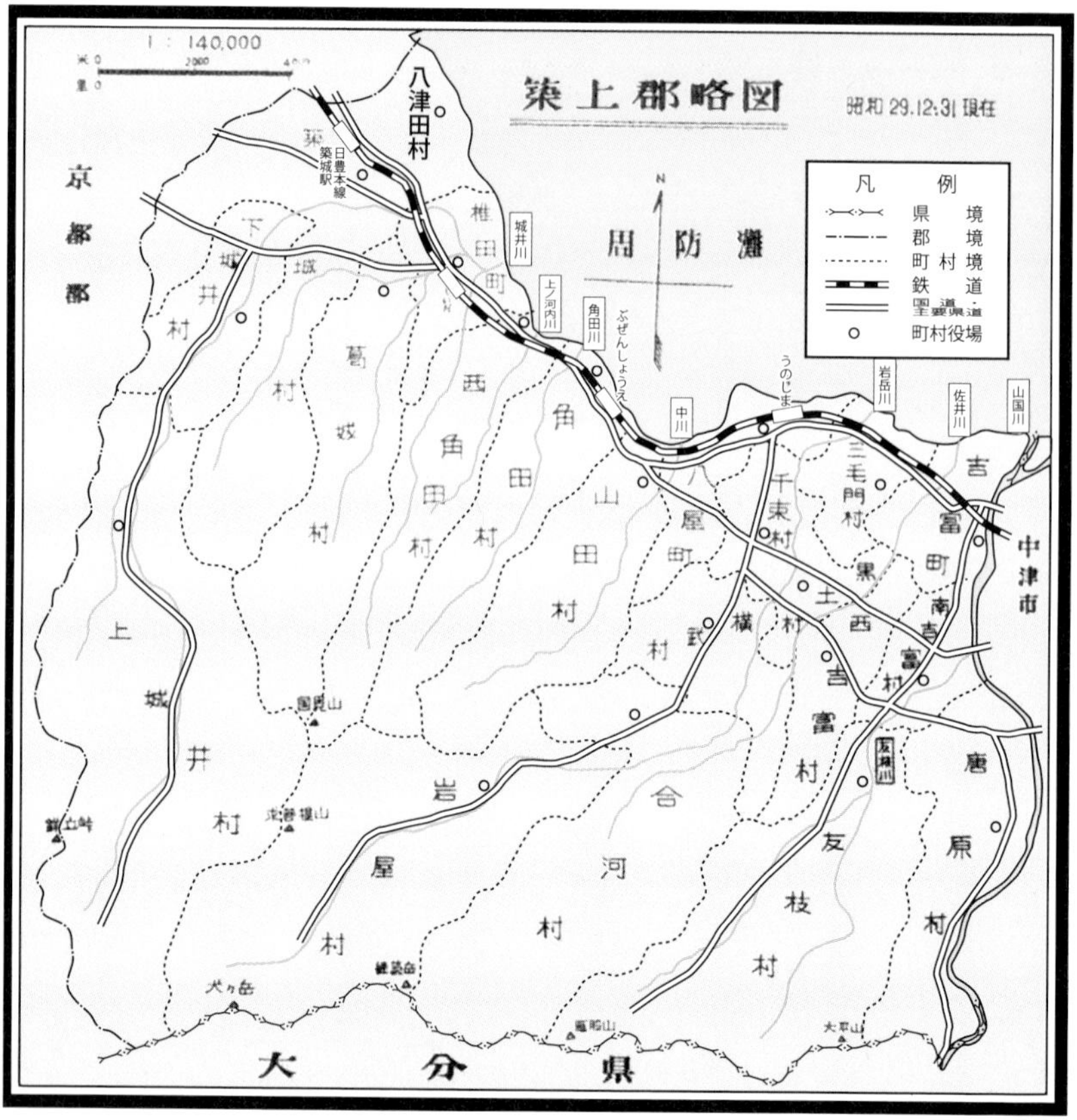

築上郡略図
（『築上郡史』より引用・再制作）

第一章

伝説の世界に見る豊国

先史時代の八津田村周辺

私の故郷の八津田《はった》村は、現在は福岡県築上郡築上町に編入されています。築という文字を含む地名からして、筑前に属する地域と勘違いされそうですが、周防灘を目の前にして、北はみやこ町と、南は大分県中津市に近い豊前市に挟まれているので、伝統的な地理区分で言うと、私のホームタウンは豊前に属します。

イザナギノミコトが「ああ、愛すべき乙女よ」と呼び掛けて、イザナミノミコトが「ああ、いとおしき若人よ」と答えて生んだ子供が八つから成る大八島国ですが、九州については「次は筑紫島をお生みになった。この島も体が一つで、顔が四つあり、顔ごとに名がある。筑紫の国を〝白日別《しらひわけ》〟と言い、豊国を〝豊日別《とよひわけ》〟と言い、肥国を〝建日向日豊久士比泥別《たけひむかひとよくじひねわけ》〟と言い、熊襲国を〝建日別《たけひわけ》〟と言う」という地勢を『古事記』が語っています。『日本書紀』でも同じく、当初は豊前・豊後を豊日別と称する一つの国として示しています。

『豊後風土記』によると、景行天皇が菟名手《うなで》なる者を豊国を治めるために遣わすと、仲津郡中臣村に至った所で日が暮れて宿泊したところ、白鳥が集まっているという話を耳にして、供の者に探りに行かせると、鳥が餅に変わり、片時の間に数千株の芋草と化し、冬にも花葉が栄える様子でした。菟名手が天皇に報告すると、豊草の生える地を豊国と名付けて、豊国直《あたい》の任務を賜ったとのことです。

そして、のちに豊前と豊後の二つに分かれた命名の由来が伝承されています。ちなみに、肥国を「ひのくに」と読むように、豊国もやはり「とよのくに」と読むのが正しいようです。

北九州の北部に位置する豊国の形勢を窺うにつけ、土地は広大にして、米穀の類いの産も多く、海から漁貝の利が得られる大分県ですが、まさしく豊国と呼ぶにふさわしい土地柄と言えるでしょう。

豊国の南側の豊後には、大分・国前（国東）・比多（日田）の三国があり、北側の豊前には、宇佐・豊国の二国から成ると複数の古文献が説明しています。平安時代の中期に源 順《みなもとのしたごう》が編纂した『和名類聚抄《わみょうるいじゅしょう》』に豊前の国府は京都《みやこ》郡にあると記されています。京都郡には、国府と国分寺がありました。

『古事記』には、大国主神が出雲を国譲りする以前に、天照大御神が「豊葦原《とよあしはら》之《の》千《ち》秋長《あきなが》五百《いお》秋《あき》之《の》水《みず》穂《ほの》国《くに》」はわが御子の正勝吾勝々速日天忍穂耳命《まさかつあかつかちはやひあめのおしほみみのみこと》が統治する国であると言って、天上世界から葦原中国に天忍穂耳命をお降しになるシーンがありますが、冒頭の「豊」の字は豊国と関わりを持つという学説があります。

弥生時代の豊国

九州には弥生時代の重要遺跡として、佐賀県の吉野ヶ里がほぼ完全な形の村落の形態を再現しています。吉野ヶ里は丘陵地帯にありますが、有明海が目の前に広がって、人工的な水路があって船で移動しやすいエリアと言えそうです。吉野ヶ里は『三国志』の「魏志倭人伝」に描かれた邪馬台国から支配を受けた三十国のうちの一国かもしれず、あるいは豊前の地域と交流があったかもしれません。

魏志倭人伝に見る邪馬台国への行程は、おおよそ「朝鮮半島の帯方郡（中国の植民地）から水行して狗邪韓国《くやかんこく》（加羅）に至る。一つの海（朝鮮海峡）を渡ると対馬国。さらに瀚海《かんかい》（玄界灘）を渡ると一大国（壱岐）に至る。また、一つの海（壱岐水道）を渡ると末盧《まつろ》国（佐賀県唐津市名護屋）に至り、陸行して伊都国《いと》（福岡県糸島市）に至り、ついで奴国《な》（福岡県福岡市）から東へ行くと不弥国《ふみ》（福岡県糟屋郡宇美か？）から南へ行くと投馬国に至り、水行十日、陸行一月で邪馬台国《やまと》（原文の邪馬壹國の「壹」はたぶん「臺」の誤記）に着く」と記されています。

邪馬台国への行程は、ほとんどが水行で、陸行している場所は短距離で、海か川を使って船でも行けそうです。古代の交通は航行が主流で、十五世紀の末ですら大航海時代と称され、人や物が船で運ばれていました。

邪馬台国がどこにあったかはいまだに立証できていませんが、卑弥呼の死後に十三歳の少女の台与（壹與とあるが、やはり「壹」は「臺」の誤記で、卑弥呼の一族の娘とあるけれど、事実かどうかは検証できていない）を女王に立てたと魏志倭人伝にあります。台与は「トヨ」と読めるので、豊国との関係が気になります。

『日本書紀』巻八に神功皇后が豊浦津（下関）に泊まり、すべての願いが叶う如意の珠を拾われて、穴門豊浦宮（下関の豊の港の宮）を建てて住まわれています。また、宗像大社の伝承では、神功皇后が妹の豊姫を昔なじみの海神のもとに遣わして潮干珠と潮満珠を貰い受けています。神功皇后とトヨ系の海神は深い縁で結ばれています。

ちなみに、聖徳太子の本名は『日本書紀』に厩戸豊聡耳皇子命《うまやどのとよとみのみこと》とあり、『古事記』にも豊の字が入っており、トヨの女王である太子の叔母の推古天皇の宮殿も豊浦宮と言い、蘇我蝦夷は豊浦大臣と呼ばれていました。

神倭伊波礼毘古命《かんやまといわれびこのみこと》（神武天皇）の東遷は、日向から出発して、豊国の宇沙（宇佐）で一年間を過ごしたあと、筑紫の国で七年間ほど暮らし、安芸国を経て、吉備国で八年間ほど生活したあと、速吸《はやすい》の海峡で出会った人に「お前は航路を知る者か？」と尋ねて、知っていると答えると自分の船に引き入れて、水先案内人として仕えさせています。神武は瀬戸内海を航行して熊野（和歌山県）から上陸して大和朝廷を興しました。

天皇家の祖先は、かくのごとく海との関わりが深く、神武の祖父の火遠理命《ほおりのみこと》（山佐知彦）は海神の娘である豊玉毘売《とよたまひめ》を娶り、父である鸕鷀草葺不合命《うがやふきあえずのみこと》もまた母の姉妹の玉依毘売《たまよりひめ》と二代にわたって海の民との婚姻関係を持っています。

古文献には、海に関わる仕事人を海人《あま》と記し、海人の集団は海部《あまべ》と記載しています。紀伊・徳島・隠岐の海部は漁労民のようですが、豊後や尾張には漁労民としての遺跡が少ないことから、おそらく航海民であったと推測されています。豊後の海部は、周防灘・瀬戸内海・豊後水道の航路を支配していたのではないでしょうか。

豊前を語る古文献

八津田村の古代史としては、宇留津地区に古墳時代の遺跡群が発見されており、平成に入ってから東八田の沖代遺跡が発掘されました。私が生まれた頃は、古墳時代について、ほとんど何も知られていませんでしたが、宇佐市にある赤塚古墳の前方後円墳は、日本最古と言われる纏向《まきむく》石塚古墳（奈良県桜井町）の築造年と数十年間しか違わないと考証されています。

昨今は考古学による発掘調査が進んで、竪穴式住居であったり、須恵器や土師器などの出土品がいかばかりか以上に見付かり続けています。とはいうものの、豊前における古代の社会相はまだ十分に把握できていません。

八世紀に入ると、すぐに『古事記』と『日本書紀』および『風土記』が編纂されて、また正倉院文書にも多種多様な記録が数多く残っており、発掘された木簡からも飛鳥・奈良時代の社会相のさまざまな文化面が推測されます。

往時の豊の国（大分県）では、宇佐神宮が大和国家の中で大きな勢力を持っていましたが、私の生まれ故郷の京築（京都《みやこ》郡および築上郡）地方の事跡はほとんど発見されていません。『風土記』とは、地方の歴史や文物を記す地誌を言いますが、奈良時代後期に作られた官撰の風土記は特別に『古風土記』とも言います。完本は『出雲風土記』のみで、九州を扱うものは「西海道風土記」と言って、十一国（豊前・豊後・肥前・肥後・筑前・筑後・日向・大隈・薩摩・壱岐・対馬）のうち、なんと『豊後国風土記』と『肥前国風土記』は一部を欠損しただけの状態で今日に伝承されています。

『豊前国風土記』は残念ながら、他の書物に引用された部分的な内容が「鏡山」「鹿春《かはる》郷」「宮處《みや こ》郡」「広幡八幡大神」の四点について逸文という形で残されています。

「宮處（京都）郡」には「遙かなる昔に天孫（ニニギノミコト）が天降る以前の都であるから、天照大神の都である」となっています。ただし、武田祐吉という古文献の研究者は、豊前風土記の原本にあった記事とは認めず、参考資料にすぎないと指摘しています。

「鏡山」には気長足姫《おきながたらしひめ》（神功皇后）が鏡を用いて祈ると、鏡が石に変わったという伝説を紹介しています。

「鹿春（香春）郡」は河原が訛った地名らしく、やはり神功皇后が来られて住まわれたという話を取り上げています。古代人は大きな川の流域で暮らしていたようで、現在の城井川・長峡川・山国川などの付近、それも河口近くに住んでいたと想定されます。

「広幡八幡大神」とは、宇佐神宮のことで、聖武天皇の御宇《みよ》に神の宮（現在の宇佐神宮の下宮）を造り奉ったとありますが、聖武天皇を第四十五代と明記している点からして、豊前風土記の原本にあった記事とは認めがたいようです。

先史時代の京都郡

八津田村のある築上郡に隣接する京都《みやこ》郡は、古くから歴史に登場しています。仲哀天皇（第十四代）が熊襲を征伐するために、瀬戸内海から京都郡に上陸して行宮を置いたために、ミヤコ（京都）と呼ぶようになったとする伝承があります。崇神天皇（第十代）の時代に大和朝廷が統一されて、仲哀天皇の時に北九州も支配下に入り、日本列島がほぼ統一されたと多くの史書が考証しています。

京都郡には、仲哀天皇が越えた峠と伝わる仲哀峠があり、その時に通った峠は現在も利用されています。天平十二年（七四〇）九月、太宰府に左遷された太宰少弐の藤原広嗣が起こした乱の折、京都鎮《みやこ》の小長谷常人が仲哀峠を越えて、板櫃川《いたびつ》に向かっています。ちなみに、第二次世界大戦後に掘られた仲哀峠の下を通したトンネルは、いま仲哀トンネルと称しています。

仲哀天皇の祖父である景行天皇（第十二代）とその子息たちの日本武尊《やまとたける》および成務天皇（第十三代）の時代にあっては、中央政府に抗《あらが》う者たちを征伐しており、九州では特に熊襲討伐が大きなテーマになっています。

『古事記』によると、仲哀天皇は穴門（下関）の豊浦宮と筑紫（博多）の香椎宮を拠点として天下を統治しています。大江王《おおえのみこ》の娘である大中津比売命《おおなかつひめ》が天皇と結婚して、香坂王《かごさかのおう》と忍熊王《おしくまのおう》を生んでいます。また、息長帯比売命《おきながたらしひめのみこと》（神功皇后）と結婚して生まれた子の一人が品陀和気命《ほむたわけのみこと》すなわち宇佐神宮に祀られる第十五代の応神天皇です。

豊の字が付く地名は、現在も下関市一帯にいくつか残っており、山口県の長門地方を含めて、仲哀天皇には筑紫や仲津といった北部九州での活動状況が見られます。仲哀天皇には信心深さが足らなかったのか、神の怒りに触れて急死します。そして、仲哀天皇の没後、神功皇后が胎中に子を宿したまま新羅に向かっています。新羅王に「新羅は天皇の馬の飼育係となり、船の腹が乾く暇がないほど船を連ねて毎年お仕えします」と約束させて、筑紫に帰還したあと、応神天皇を生んだと伝承されています。

新羅征伐の話は、時代にずれがあって、考証上から事実ではなさそうなので、神功皇后を架空の人物のように言う人がいます。しかし、わが国の最初の歴史書である『日本書紀』全三十巻の丸々一巻を天皇でもない皇后に費やしており、九州での活動がやや大袈裟であるにしても、神功皇后抜きでは日本史の歯車が合わなくなります。

宇佐神宮には祭神が三体あって、一之御殿には応神天皇、二之御殿には比売《ひめ》大神、三之御殿に神功皇后が祀られています。二之御殿が真ん中にあるので、もしかしたら祭神の中心は比売大神ではないかと考証する向きがあります。

『日本書紀』によると、比売大神は神代に大元山に天降られたと記されており、吉野ヶ里などの九州一帯の古代遺跡との関係において、じつは卑弥呼ではないかと推理する文人もいます。

また、称徳天皇（第四十八代）が弓削《ゆげ》道鏡に皇位を譲ろうとして、和気清麻呂《わけのきよまろ》に「宇佐神宮に赴いて是非を伺ってきなさい」と命じたところ、皇位は血筋の続く者しか継げないと言われて、立腹した称徳天皇は清麻呂を別部穢麻呂《わけべのきたなまろ》と改名させたうえ、大隅《おおすみ》国に配流しています。

万系一世を変えようとした宇佐八幡への信託においては、なぜ天照大神を祀る伊勢神宮に伺わなかったのでしょうか。聖武天皇の娘である称徳天皇には、皇室の祖先が宇佐八幡に祀られているという意識があったと推測できます。

宇佐神宮は全国に四万社余りある八幡宮の総本宮で、いわば武神のメッカです。大和や出雲と同じく、宇佐は早くに開けた土地で、神武天皇が東遷時に最初に留まった地は宇佐でした。宇佐神宮に祀られる応神天皇は、仲哀天皇と神功皇后との間に生まれた皇子ですが、比売大神との関係は謎です。ちなみに、仲哀天皇は下関市の忌宮《いみのみや》神社に祀られています。

八津田村を訪れた菅原道真

大宰権帥として京の都から左遷された菅原道真公の足跡は、八津田村の伝承として克明に記録されています。道真は難波と言われた現在の大阪を経由して、瀬戸内海を通って、山口県の防府に宿泊しています。道真公が不遇の死を遂げたあと、都で天変地異が続いたため、もしや

綱敷天満宮（福岡県築上郡築上町大字高塚に位置する神社。祭神は菅原道真公）

道真公の怨霊が祟っているのではないかと恐れて、太宰府天満宮はもとより、北野天満宮のほかにも、ゆかりの地である防府に天満宮が創建されています。

防府の次に上陸した場所は、豊前国の椎田《しいだ》の湊《みなと》と言われます。実際は漂着であろうと思われますが、椎田には綱敷《つなしき》天満宮があります。

道真が湊に入って、ある建物を訪ねた時、粗末な小屋がありましたが、道真公に座っていただく敷物がなかったため、船の艫綱をぐるぐる巻きにして敷物の

綱敷天満宮は梅の名所

代わりにしたと伝承され、その敷物を綱敷と言った故事に基づいて綱敷天満宮と称されました。椎田町の綱敷天満宮は現在、梅の名所として知られています。

また、私の祖父母が住んでいた長泉院があった周辺を「おうた」と言いますが、背負うという意味で「負う田」が「負田」になったと言われます。道真公が歩く途中で疲れたのか、誰かがオンブして差し上げたらしく、その場所を「オンブした田」↓「負う田」↓「負田」となり、さらなる転化があって「大田」となったと想定されます。

八津田には「くつぬぎ」という場所があります。この場所で道真公が沓《くつ》を脱いで、座られたのではないでしょうか。菅原道真公が八津田村の周辺を通過して、太宰府に向かった話は確かな伝承のようです。八津田村では、いくつかの道真公伝説を地名にして、口伝えで残してきたのではないでしょうか。

第二章　平六代にまつわる伝承

仏教の普及、そして武士の台頭

私は西山《せいざん》浄土宗の寺の子として生まれ、中学生から高校生の間は小坊主として少しばかりお経を読んでいましたが、医学生になったために僧職には就かず、生涯を医業に捧げることになりました。近年、特に浄土思想に魅了されて、法然上人を慕う気持が少しばかり出てきました。

仏教はそもそも、欽明天皇（第二十九代）時代の五五二年に百済の聖明王が遣わした使者によってわが国に公伝されたと『日本書紀』に見えていますが、じつは五三八年に伝来したとする元興寺（飛鳥寺）の記録のほうが古くて正しいようです。もっとも、非公式には、もっと以前から仏像や仏典がちらほらと移入されていたであろうと推測されます。

仏教は飛鳥の地で芽生えて、平城京の時代に著しい理論的発展を遂げています。国家で管理されて、庇護を受けた南都六宗の学僧衆は、ただひたすらに仏典の教義の研究に勤しみ、見事な思想体系を築き上げました。

朝廷の許可を得ていない布教は禁じられていましたが、行基《ぎょうき》という実践派の僧は弾圧を恐れず、禁を破って道端で勝手に布教活動をするかたわら、民衆を動員して社会福祉の奉仕活動に励み、公共事業の範を示しながら、仏教の教えを広めたために、聖武天皇（第四十五代）の覚えが厚くなり、東大寺の大仏建立に大いなる尽力を果たして大僧正に推挙されました。行基・聖武天皇・良弁およびインド人の僧である菩提僊那《ぼだいせんな》は、東大寺の建立に関わった四聖として崇められています。

しかしながら、奈良仏教は高水準の学問となり、しだいに様式化が進行していきました。最澄（伝教大師）は八〇五年に比叡山で天台宗を開き、引き続き空海（弘法大師）が真言宗を開いて密教的な儀式を披露しました。ところが、僧侶たちがやたら政治に口を挟み、強権を振るうようになったせいか、桓武天皇（第五十代）は奈良から離れる決意を固めて、七九四年に京に都を移していました。平安時代が幕を上げたばかりの時代でした。

桓武天皇はまず、坂上田村麻呂を征夷大将軍に任命して蝦夷討伐を果たしたあと、国内での脅威がなくなったと判断してか、なんと大和朝廷における常備軍の組織を有名無実な状態にしたため、平安期に入って武士という私兵集団に治安維持などを丸投げする世相を招きました。貴族政治を中心とする平安期を終わらせた約七百年に及ぶ武家政権は、あるいは桓武天皇が朝廷から武力を放棄した時点に始まると言えるかもしれません。

天智天皇（第三十八代）が六六三年の白村江《はくすきのえ》の戦いで、唐・新羅の連合軍に破れ、次の年に太宰府を防衛するための水城を築いています。しかし、一世紀以上の歳月は、少なくとも三世代以上も過ぎると、外国の脅威が人々の意識から消去したようです。

天智天皇はまた、徴兵の必要性を覚えてか、六七〇年に史上初めての戸籍である庚午年籍《こうごねんじゃく》を作成して、中国の唐王朝の律令制に基づく政治体制を取り入れました。しかし、社会的矛盾がしだいに膨らんで、時代が下るごとに、朝廷の政治に不満を持つ地方豪族や有力な農民が武装して、各地で主に土地問題に関わる紛争を起こすようになります。

中級以下の貴族は押領使《おうりょうし》や追捕使《ついぶし》に任じられて、鎮圧のために紛争地に赴くものの、そのまま在地の役人として居残り、兵《つわもの》つまり武士として成長する者が現われました。平安時代の中期以降の日本は、しだいに無法地帯とも言える荒廃した社会に移行します。

平安時代の後期になると、白河天皇（第七十二代）が早々と退位して、自分の血筋に皇統を継がせるためか、わずか八歳のわが子を堀河天皇として即位させました。天皇職は公務が多忙で、大臣たちに反対されると思うような詔勅《しょうちょく》を出せないため、自由な立場で采配を振るえる上皇による院政を一〇八六年に開始して、政治の実権を握りました。院政の余波で藤原北家が独占していた摂関家の地位が揺らいで、貴族間での利権を奪い合う抗争が激しくなったのです。

白河上皇が近衛兵として身辺を警護させる北面武士の制度を創設すると、貴人たちはその措置に呼応して、各地に根付いていた「侍《さぶら》う者」すなわち「侍」を私兵として雇うようになりました。侍のグループはやがて、軍事力を所持する手強い武士団に成長していきました。

天皇家を軸に据えた派閥争いと評される保元・平治の乱は、ほぼ武力だけで決着が付いて、武士は天皇家や摂関家を攻撃することを厭わない強力な存在となり、伊勢平氏の平清盛の平家が貴族化して「平家に非ずんば人に非ず」と言われました。一方、平家に反発する勢力が各地で築かれ、源氏と平氏が争う源平合戦を含む治承・寿永の乱を経て、源頼朝による鎌倉幕府が成立され、古代社会が終焉を迎えて、中世のカーテンが開かれます。

全国各地で武士団が形成される動向と併せて、豊前国でも地元の勢力がしだいに強くなりますが、豊前の武士団はまだそれほど強力な集団には成長していません。北部九州で勢力を拡大していた武士団は大蔵一族で、原田氏はその支族です。原田氏の一派に城井《きい》氏がいました。

城井氏は豊前伊方荘に在住していた地侍です。城井の地は平家に与する板井氏の所領で、仲津郡城井郷を指します。城井氏と板井氏のいずれも、鎌倉時代に宇都宮（栃木県）から移ってきた城井宇都宮と称する一族との血縁関係はありません。

平安末期の九州における政治勢力の中心地は、古代から君臨していた太宰府で、彼の地は日本に二カ所ある遠《とお》の朝廷《みかど》の一つでした。ちなみに、もう一つの遠の朝廷は、東北の多賀城（宮城県）です。太宰府と多賀城は、ともに都の朝廷に代わって、その地域一帯を治める役割を受け持つ責任者が中央から派遣されていたのです。

太宰府は地勢上、海外の国との交流が古くからあり、外交使節団の接待役を担う古代日本の玄関口でした。大和朝廷の出先機関として、太宰府は第二の首都であったと言えます。

九州にはまた、豊前の地で権威的な勢力を持つ宇佐神宮がありました。宇佐神宮は大宮司の宇佐氏一族が治めて、豊前国の半分以上を勢力下に置いていました。宇佐氏は『記・紀』の神武記に登場する菟狭津彦命《うさつひこのみこと》を家祖としているので、神代に繋がる家系です。

京築一帯は大蔵氏の勢力下にある時代で、原田氏そして城井氏などがその配下にいて、いくつもの武士団が混在しながら、宇佐神宮の支配力が及ぶ場所に近接していたので、京築の武士団と宇佐神宮の勢力圏とが対峙する関係になっていました。

九州を勢力下に敷く平家のパワー

私の生誕地である無量院は、平家一門の方々の魂を鎮めるために建立された寺であろうと想定されます。『平家物語』は栄華を誇る平家が没落していく様子を描いて、この世に永遠なるものは存在しないという無常の思想を展開する名作で、私の愛読書の一つですが、私に生き方を示唆してくれた教科書の一つでもありました。

平清盛は桓武《かんむ》天皇の家系を継承する桓武平氏のうち、伊勢平氏と称する一族の長として、俗に言う「平家」を政界の中枢にまで押し上げた巨星です。桓武天皇の子孫（孫あるいは曾孫）の高望王《たかもちおう》が平安時代の中期に臣籍降下して、姓を賜ったのが桓武平氏の興りです。平清盛の時代に全盛を極めた平家一門は、西日本一帯を支配下に入れながら、しだいに九州にも勢力を広げていきました。

桓武平氏の血筋を引く武家の傑物と言えば、関東の豪族として知られる平将門《まさかど》でしょう。将門は東国の支配者に祭り上げられて、九三九年に国府に反抗する乱を起こしました。西日本で伊予の海賊と手を組んで太宰府を攻め落とした藤原純友《すみとも》ともども、武士の台頭を象徴する承平・天慶の乱での首謀者とされますが、将門は武家政権を誕生させたパイオニアと言えるでしょう。

武家の台頭は、九州にも及びました。都から下って役人を務めたあと、在地化した二代目以降が着々と勢力を伸ばして、太宰府の軍事機能を支える存在になっています。朝鮮半島を荒し回る刀伊《とい》（朝鮮語で「蛮夷」を意味する女真族）が一〇一九年に対馬と壱岐の住民を殺害および拉致して、さらに九州への入寇を挑んだ時、大宰権帥《ごんのそち》である藤原隆家が撃退していますが、実戦で働いたヒーローは現地の周辺を根城とする侍たちでした。

平家と呼ばれて隆盛を謳歌した伊勢平氏もまた、桓武平氏系の武門化した一族で、平清盛の祖父の平正盛に始まっています。父の平忠盛の時代に勢力を拡大したあと、三代目の清盛が位人臣《くらいじんしん》を極めて、政治の最上位である太政大臣にまで上り詰めました。

正盛時代の九州において、対馬守に任じられていた源氏の八幡太郎義家の次男である源義親が略奪を働いて官吏を殺害し、隠岐国に流されていましたが、隙を狙って出雲国に渡り、再び官吏を殺して略奪を行なっています。白河上皇は義親を追討するため、因幡《いなば》守を務める平正盛に追討を命じました。

正盛は義親を征討した功績によって、実入りの豊かな但馬国の国司に推挙され、その後も丹後・備前・讃岐の国守を歴任して、西国に土着して伊勢平氏の勢力圏を広げました。世界遺産として名高い広島県の宮島に建てられた厳島神社の社殿が平清盛によって整えられた経緯からして、平家の勢いが西日本に深く及んでいた当時の様子がイメージできます。

清盛の父の平忠盛は、北面武士として院政の武力的支柱となり、諸国の受領を歴任するかたわら、日宋貿易にも従事して、莫大な財力と武力を次世代に継承して、平家の礎を築いた偉丈夫でした。

忠盛は貴族の誰もが避けたがる刑部卿の地位を得て、昇殿を許される殿上人の端くれに加わりましたが、成り上がり者として、貴族たちから「伊勢の瓶子（平氏）は酢甕なり」（伊勢の平氏が作った酒の徳利は酢の器れ物だ）などとからかわれて、揶揄される存在でした。着々と家格を上げていく忠盛は斜視だったようで、殿上人たちから「伊勢の平氏の忠盛は眇《すがめ》なり」と陰口のターゲットにされていたようです。

忠盛はまた、瀬戸内海の海賊を討伐するなど、主に西国で勢力を拡大させました。朝廷による法制度の矛盾が表面化して、社会秩序が大いに乱れた世相にあって、政治形態の仕組みを変化させざるを得ない時代のうねりが大きく渦巻いていたのです。

一一五六年と一一五九年に起きた保元・平治の乱で勝利を収めた平清盛は、播磨守のほか、九州では太宰府の実務上の長官である大宰大弐に任じられています。太宰府での最上位の長官である太宰帥は、親王もしくは従三位以上の臣下が任じられる名目上の役職だから、正四位下でしかない清盛は太宰帥にはなれず、大宰大弐の地位に留められています。とはいえ、太宰帥が不在だったため、清盛が実質上のトップとして太宰府を治めていました。

太宰府は九州から西国一円を治める遠の朝廷であったため、清盛は必然的に九州一帯に勢力を延ばせたしだいで、とりわけ太宰府に近接する北部九州の豪族を勢力下に置くことができて、九州の地は清盛の代になって以降、平家がほぼ掌中に収める地域になりました。

清盛が九州で勢力を伸ばしていた時期、京築地方での在来の武士団の一族に属していた城井氏は、平家の味方になっています。原田種直ともども、城井種遠が平家の家来になった経緯が古文献に記されています。

清盛はまた、宇佐神宮との関係を良好にするため、自分の子女を大宮司の宇佐公通に嫁がせています。源平合戦の折、公通が平家方に与していました。安徳天皇が宇佐神宮を頼った時、一時的に公通の館に滞在していました。

奢れる者は儚くも夢と消えて

平正盛に始まって、忠盛そして清盛に次ぐ平家の四代目は平重盛です。重盛は小松内府と呼ばれましたが、内府の職は現在の総理大臣に相当するでしょう。平重盛は才芸・人徳ともに優れて、多くの人に慕われる人格者で、親の清盛ですら一目も二目も置いていたとのことで、父の横暴な行ないを諌めるほどの指導力を発揮したエピソードがあります。

清盛が後白河法皇を幽閉しようとして、兵を集めて院の御所に攻めようとした時、清盛はすでに出家した身で、僧の姿を装っていましたが、薄手の衣の下に装着した鎧が透けて見えました。平服の重盛がその場に現われて、僧衣の下から鎧が見え隠れする姿を諌めると、清盛が慌てて辻褄を合わせようとした様子が『平家物語』に活写されています。

重盛は清盛がまだ存命中の時、四十二歳で亡くなります。後継者に先立たれた清盛は、大きなショックを受けました。三男の宗盛が平家の総帥を務めましたが、傾きかけた屋台を支えるに足るだけの人心を寄せきれず、やがて歴史のベクトルは平家が滅ぶ方向へと向かいます。

重盛が死んだあと、平家の遺領を後白河法皇が没収したため、清盛は法皇を幽閉して、高倉天皇を退位させて、まだ幼い安徳天皇を即位させると、源頼政が以仁王に平家打倒の令旨《りょうじ》を諸国の源氏に伝達して、挙兵を促しました。頼政と以仁王によるクーデターは失敗して、両人とも敗死しますが、平家打倒の火打ち石になりました。

清盛の福原への遷都が強行されると、源頼朝が伊豆で旗を上げ、石橋山で破れますが、源義仲が木曽谷で挙兵したのに続いて、諸国の武士が次々に蜂起して、平家はわずか半年で福原から離れて京への還都を余儀なくされます。

平家の五代目は、重盛の嫡男である平維盛《これもり》です。維盛は重盛の継承者であるがゆえに、平家軍の総大将に推挙されて、富士川で源頼朝と武田信義の両軍と対峙した際、水鳥の羽音に驚いた平家軍は総崩れとなり、部下の進言を受け入れて敗走やむなしの判断をしています。維盛は清盛の生存中に公卿になっており、戦さには向かない性格だったようです。

木曾義仲が入京してくるという報に接した維盛は、西国落ちを覚悟した時、都育ちの妻を戦さの場に伴うのは忍びがたいと思い、自分に何かあれば再婚して欲しいと言い置いて、妻子を都に残したまま平家一族を率いて西国に逃れたと『源平盛衰記』は述べています。

維盛はついに都落ちする破目になりましたが、京都に残した「六代」という名の幼い嫡男は、源氏に斬首されずに僧職に就いています。しかし、六代には杳《よう》として消息不明な側面が多々あり、私の故郷の京築地方に逃れてきたとの言い伝えを信じる者が少なからずいて、豊前では伝説上の人物として密かに語り継がれてきました。

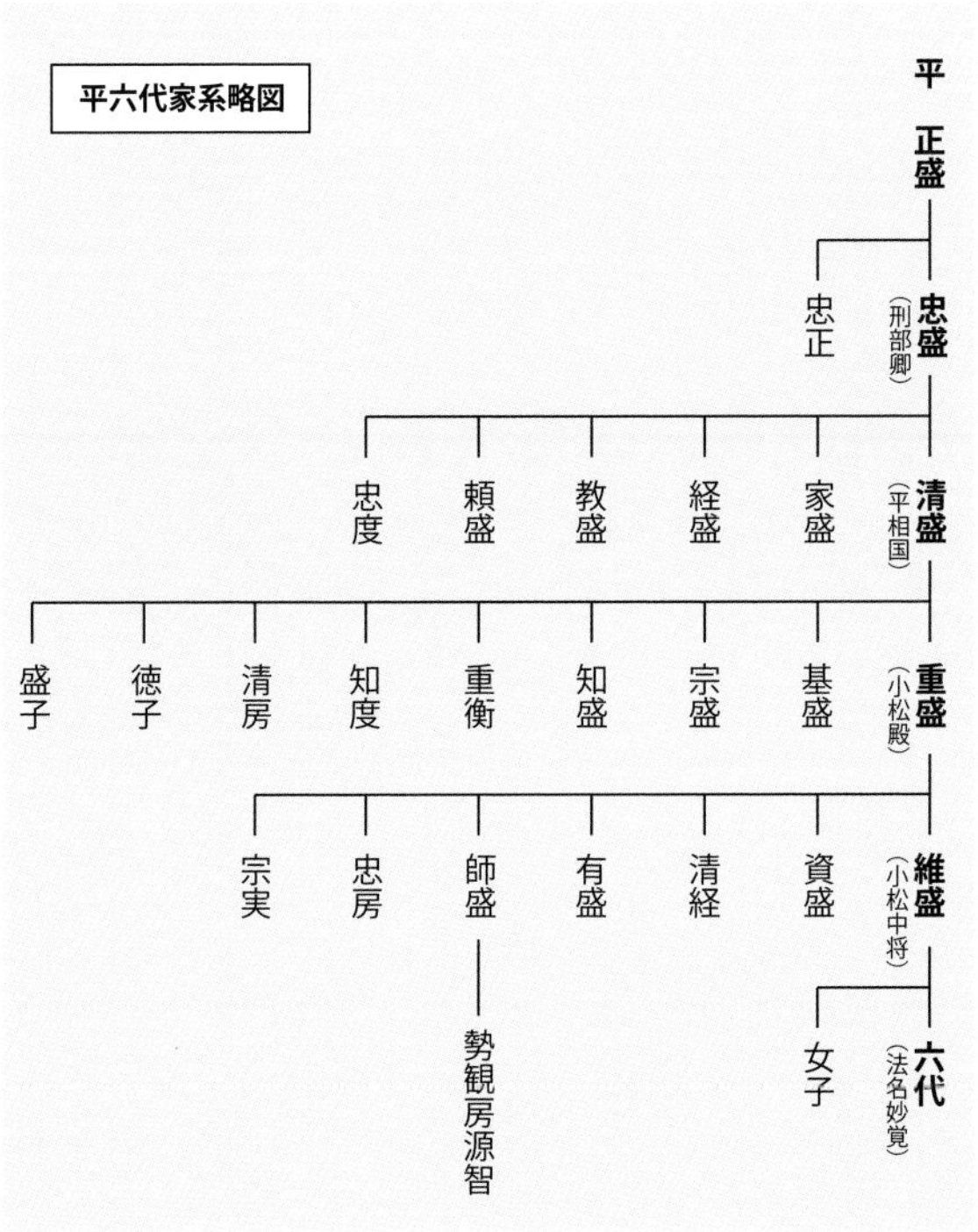

六代とは平高清の幼名で、正盛から数えて平家の六代目に当たる子孫です。もし平家が滅亡しなければ、平家の総帥は六代が治める世になっていたかもしれませんが、平家の栄華は一陣の風に飛び散る塵芥《ちりあくた》のごとく、一炊の夢に終わりました。

重盛が生きていたらという願いは、

平家一門の誰しもが望んでいたと言われますが、沙羅双樹の淡黄色がいずれ白く変色してしまうように、奢れる者は久しからず、春の夢のように儚く消えて、この世に変わらぬものはないという諸行無常の思想が『平家物語』の随所に盛り込まれています。

平家を滅亡させた義経の挫折

後白河法皇は平家の西国落ちを予知して、連れて行かれるのを避けて、比叡山に逃れていました。ややあって平家が都落ちした報を聞くや否や、後白河法皇は平家を賊徒にしたと公家である九条兼実の日記『玉葉』に書かれています。昨日まで官軍であった平氏は、一夜にして賊軍に落とされ、源氏との立場を主客転倒させてしまったのです。

源義仲と源行家が入京を果たすと、比叡山から戻ってきた後白河法皇が両名に平氏を追討せよと命じます。しかし、全国的に飢饉の年であったことから、義仲軍はたちまち兵糧の不足に苦しみ、物盗り強盗の輩と化して、掠奪の限りを尽くし、市民の怨嗟の標的となりました。

義仲軍は京都を占拠したものの、褒賞が欲しいだけの寄せ集めにすぎず、乱暴狼藉を働く部下を取り締まる気を見せないばかりか、後白河法皇の政治に義仲が口を差し挟む有様でした。法皇は密かに鎌倉の源頼朝と連絡を取って、義仲を追討する策をこらしました。

一方、京都を出奔した平家は、備前に水軍を配置して、一路西下して太宰府に入りましたが、朝廷から豊後国の国司を介して命を受けた緒方三郎惟栄《これよし》（諱は惟義）が三万人の軍兵を寄せて攻め込んできました。平家軍は慌てふためき、芦屋町から門司の柳ヶ浦（大里＝内裏）へと移動し、しばらく逗留したあと宇佐神宮に移りましたが、惟義が攻めてきて焼き討ちに遭いました。

平家は九州から立ち去らざるを得なくなり、瀬戸内海へと出て行き、讃岐《さぬき》の屋島に腰を据えて、しだいに四国と山陽方面で勢力を回復していきました。しかし、その後の平家一門は、太宰府のみならず、宇佐からも支援を受けられない立場になっています。

かくして西の平家、東の頼朝、都の義仲という天下三分の形勢を見せていました。勢いを盛り返した平家は、糧食に事欠き軍規の緩んだ義仲軍を備中水島で打ち破り、都に戻るチャンスをうかがっていました。

義仲は京での長居は無用とばかりに、法皇を連れて北陸に逃げようとしましたが、拒否されたのみならず、逆に京都から出て行けと命じられました。進退きわまった義仲は、窮鼠《きゅうそ》猫を噛むの思いからか、クーデターを決行して御所を焼打ちして法皇を幽閉し、一部の公家と図って征夷大将軍を拝して政権を奪取しました。

源頼朝は後白河法皇と密かに提携して、従兄弟の源義仲を討つために、範頼・義経の二人の弟を年貢の運上という名目を付けて鎌倉から派遣しました。源氏同士が争っている間に、平家は要害の地である一の谷に陣を構えて、都の奪回を目論んでいました。

一の谷で万全の防備を整えたつもりの平家は、ほんの少し再興の兆を見せたものの、源義経が木曾義仲を討ち滅ぼしたあと、間髪を入れずに一の谷に攻め込み、さらに屋島を攻撃し、最後に壇ノ浦で源平が雌雄を決する一戦を交えて、平家はまっしぐらに滅亡へと転落していきました。

平家の没落は、一の谷の合戦に端を発しています。一の谷の合戦における源氏方の勝利は、義経のオリジナルな戦術の戦果で、平家の主力を構成する武将の多くが討ち死あるいは捕縛されています。

一の谷の合戦に大勝利して、京都に凱旋した義経は、朝廷から左衛門少尉検非違使に任じられました。義経が受けた官位は、のちに宇都宮信房が受けた右近衛中将よりうんと低い地位で

壇ノ浦（関門海峡）

しかありませんが、頼朝は激怒しました。官位を与える人事権の重要性を身内の弟が理解できずに、後白河法皇の手練手管に唯々諾々と乗せられてしまったからです。
一方、平家一門の総帥を担う平宗盛は、安徳天皇と三種の神器を奉じて逃げ延びましたが、とどのつまり壇ノ浦の海戦で平家は滅亡しました。宝剣を腰に差し、二位尼《にいのあま》（平清盛の未亡人である時子）が「まず東を向いて伊勢大神宮にお暇を申し上げ、ついで西方浄土の仏菩薩にお迎えしてもらうために西を向いて念仏をお唱えくだされば、極楽浄土という結構な所へお連れします」と安徳帝に言って、建礼門院（安徳帝の生母）ともども壇ノ浦の海に入水《じゅすい》しました。建礼門院は引き上げられたものの、帝と二位尼と神剣は海の底に沈んでしまいました。

後白河法皇は三種の神器なしに後鳥羽天皇を即位させていたので、頼朝は法皇との取引きに利用しようとした神器の一つを失くしたことにも激昂しました。頼朝の懸念は現実となり、壇ノ浦の海戦で手柄を立てた鎌倉武士の中から官位の誘惑に抗《あらが》いきれない武士が義経に続いて二十数人も出ています。

頼朝はただちに、官位を受けた者たちから鎌倉武士の一員として認めた御家人の資格を剥奪したうえ、義経の命令に従わないようにと指令を出しています。義経が鎌倉への帰還に向かう途上、相模原の腰越で頼朝から足止めされた時、義経は官位を受けたのは源氏の家の名誉のためだったとの弁明を記した「腰越状」を兄に送りましたが、鎌倉入りは許されませんでした。

京に引き返す途中、義経は捕虜にしていた平宗盛の父子を近江で斬り、頼朝の命に従う態度を見せています。しかしながら、義経は頼朝の代官の座から素気なく外されて、平家の没落後に主人が不在になって獲得した二十数カ所の平家没管領も取り上げられました。

義経は地位も財力も失い、やむなく兄と戦う覚悟を決めて、後白河法皇に頼朝追討の院宣《いんぜん》を求めました。法皇は頼朝の勢いを感じ取っていたので、院宣を出すのを渋りましたが、許しがなければ宮中で自殺するとの義経の強談判に仕方なく応じました。

源氏方に鞍替えした緒方惟義

豊後の緒方惟義は、平重盛が小松内大臣であった時代の家来でしたが、源平合戦が始まると平家から離れて、一族を率いて源氏方つまり源義経の傘下に入っています。後白河法皇は鎌倉軍に対抗できる勢力を九州で整えようとしてか、豊後の国司である藤原頼輔を介して、惟義に平家追討令を出しています。

平家に反旗を翻し、松浦党をはじめ、菊池氏や阿蘇氏らから成る九州武士団の中心になった惟義は、成り行き上から源義経の部下になり、問われれば「昔は昔、今は今」と割り切った決断をしています。平安時代晩期の京築一帯は、緒方一族の勢力下にありましたが、緒方一族の寝返りによって源氏による九州統治が容易になったと言われます。

豊国の一帯では、平家の残党との戦闘に備えるために、豊後の岡城・国東の芝崎城・宇佐郡の高岡城・豊前築城《ついき》郡の塩田城（宇留津城の出城）・豊前下毛郡加来の大畑城の五城が築かれています。

源義経の命で緒方惟義が築城したと言われる宇留津城は、緒方一族に繋がる賀来一族が城主に推挙されました。宇留津城は戦国時代の末期に黒田官兵衛に攻められて落城した時、賀来一族は逃げ延びて、ある者は土着して武士を続け、ある者は農民に転じて、昭和時代を迎えてもなお多くが家系を存続させています。

後白河法皇は関東の宇都宮家（栃木県）の分家である宇都宮信房に対しても、義経と歩調を合わせるようにと声を掛けていました。頼朝にどのような思惑があったのか、鎌倉側が九州に派遣した平家残党追討使の中に信房を加えず、朝廷に使われてしまったのです。

義経はひとまず、兵糧の収穫権を得られる九州で力を貯えようとして、京都を出立しました。摂津国の大物浦（兵庫県尼崎市）からの出港に際して、惟義の一族が船団を整えて迎えに出向いています。義経の従者はもとより、十郎蔵人行家や信太三郎先生《せんじょう》らの一行も乗船させて出帆したところ、途中で嵐に遭遇し、船団は散り散りに壊滅して、大切な一騎当千の精鋭たちの大半を失いました。選りすぐりの配下を失った義経は、九州に渡れなくなったのです。かくして、

「国周　文治四年摂州大物浦難風の図」（尼崎市立歴史博物館所蔵）
大物浦より出向した義経一行が暴風に襲われたことをモチーフにした江戸時代の浮世絵。義経主従を乗せた船が平家の怨霊に悩まされる光景を描いている。

頼朝に歯向かう義経側の源氏のグループは、壊滅したと言えるでしょう。

ちなみに、十郎蔵人行家の本名は源行家で、父は河内源氏五代目の棟梁を務めた源為義です。信太（志田または志太とも）三郎先生の本名は源義広（義憲または義範とも）で、同じく為義の三男坊です。そして、身長二メートルを超える気性の荒い乱暴者であると『保元物語』に書かれた鎮西八郎為朝は、為義の八男だから行家の兄です。すなわち、十郎蔵人行家と信太三郎先生と鎮西入部為朝は兄弟で、その長兄が頼朝の父の源義朝（六代目）だから、三人とも頼朝の叔父に当たります。

義経と弁慶一行は、身を隠すために仕方なく吉野に向かう道すがら、愛妾の静御前が足手まといになったので、京に戻るように指図しました。ところが、静御前は途中で従者に持ち物を奪われて、山中をさまよっているさなかに山僧に捕らえられ、京にいた北条時政に引き渡されて鎌倉に送られました。

頼朝の前に引き出された静御前は、舞いを所望された折、思いの丈が余って「吉野山峰の白雪ふみわけて入りにし人の跡ぞ恋しき」と義経を慕う歌を口にしました。頼朝は激怒したとのことですが、北条政子が「義経を慕う心根の静御前を殺してはなりません」と取りなし、静御前の命を救ったという逸話が『吾妻鏡』に出ています。

義経はやむを得ず、奥州藤原氏の地に亡命する破目になりました。義経は青春時代に世話になった藤原秀衡《ひでひら》を頼らざるを得ない仕儀となり、京都の周辺から安宅の関（福井県）を経て、平泉に向かったと伝えられます。吉野の山中で静御前と別れたあと、武蔵坊弁慶らのわずかな配下だけを連れて奥州に辿り着いていますが、逃避行の確かなルートは判明していません。

藤原秀衡は鎌倉の勢力が奥州に及ぶことを懸念してか、義経を総大将に据えて鎌倉と対峙する覚悟を決めていたと想定されます。しかし、秀衡の死を知った頼朝は、朝廷を利用して後継者の泰衡《やすひら》に義経を捕縛するよう圧力を掛けました。泰衡は「義経に従え」という父の遺言を守らず、陸奥国の衣川館で源義経の主従に戦いを仕掛けました。義経はいっさい逆わず、自刃して果てました。

泰衡は義経の首を差し出して平泉の無事を図ろうとしたしだいでしたが、頼朝は家人の義経を許しもなく討ったと言い掛かりを付けて、奥州藤原氏を滅ぼしました。『平家物語』の最終章（第十二巻）の六代をテーマにした物語は、血縁の誼《よしみ》を微塵も感じさせない非人情の世の中を描いています。

源頼朝は若い時代は配流の身の上で、いつ殺されても不思議でない状況に置かれていたせいか、猜疑心が非常に強く、側近の源氏の一族である義経と範頼の兄弟をはじめ、従兄弟の木曽殿こと源義仲や、行家や義憲といった叔父など、子孫を含めて同族を根絶やしにするほど死に追いやっています。

平家を巡る悲劇もさることながら、頼朝は自分以外の源氏の郎党を数知れず死に追い詰め、平家については孫狩りまでして清盛の一族をことごとくと言えるほど殺害しています。修羅・地獄・末法の世をもたらしたせいか、因果応報の果てなのか、頼朝の血筋は三代で絶えていきます。結果だけを見れば、源頼朝は関東武士に担がれた神輿《みこし》のような存在だったと言えなくもありません。

武家の社会はたとえ親子兄弟であっても、対立する相手を討つのが当たり前の世相で、討たなければ自分が討たれました。ＮＨＫで放映された『鎌倉殿の十三人』は、源頼朝を取り巻く過酷な武家社会の「誰もいなくなった」という凄惨さをわかりやすく描写していました。

義経に味方した緒方惟義は、頼朝からすると謀反人でしかなく、大物浦から義経を船で九州に渡らせようとした時、嵐で遭難して頼朝側に捕らえられ、上野国《こうずけ》沼田（群馬県）に四年間にわたって遠流されたと伝承されます。緒方惟義の消息は『平家物語』『源平盛衰記』『吾妻鏡』などの歴史書から消息がぷっつりと途切れて、行方不明の人物になっていますが、おそらく豊後には帰らなかっただろうと推測されます。しかし、豊前・豊後にいた惟義の一族は、ほぼ手つかずの状態で次世代に残りました。

緒方惟義が選択した行為は、ひところ主《あるじ》にしていた平家に不慣な結果をもたらしました。惟義は慚愧の思いに駆られていたのか、壇ノ浦の戦いに敗れて逃走する一部の平家の落武者を密かに救っていたと言い伝えられます。平家の落人の隠れ場所は、賀来氏に命じて作らせた塩田城と六枝集落だったと語り継がれています。

豊後国を勢力圏とする緒方一族は、もとはと言えば平重盛の家来だったので、平家一門が九州に逃げ延びてくれれば、彼らをなんとか助けようとしたであろうと考えられます。緒方一族が陰ながら平六代を支援したとまことしやかに伝承されていますが、同族の賀来一族もまた六代の保護に協力を惜しまなかったと伝えられます。

平家が滅びたあと、平重盛の孫の平六代がどのような生涯を送ったのか、じつを申すと、確かな話は存在していません。とはいうものの、平六代が八津田村に落ち延びてきて、六枝《むつえ》の近くに隠れ住んだとする信じるに値する言い伝えが残っています。

平六代は緒方一族に匿われたのか？

源氏の勝利が確定したあと、鎌倉幕府のごたごたはさておき、源頼朝による平家一族の子孫狩りが行なわれ、北条時政（のちに、鎌倉幕府の初代執権になる）の捜索網に掛かって六代は潜伏先で捕縛されました。六代は清盛の曾孫だから、鎌倉に送られて本来なら斬首されるはずでしたが、母が頼朝と親しい者と再婚していた事情とあいまって、頼朝に物を言える間柄の文《もん》覚上人《がく》から助命嘆願があったので処刑を免れ、身柄は文覚上人が再興した神護寺の預かりとなり、文覚のもとで出家して仏教に励んだと伝承されます。

源頼朝が落馬して急逝したあと、文覚は朝廷と将軍家の相続争いの事件に連座して、佐渡国に配流されました。文覚は許されて京に戻れたものの、ついで後鳥羽上皇から謀反の疑いを掛けられ、対馬国に流罪にされる途中で客死したと記す文書がありますが、確実と言える史料ではありません。後ろ盾の文覚がいなくなったあとの六代の消息には諸説あって、真偽のほどは定かでありません。

平家は長門国の赤間関（下関市）の壇ノ浦で滅びましたが、残党が瀬戸内海沿いの周防灘あたりまで船で逃げていき、また北九州沿岸一帯にまで漂っていたので、周防灘の周辺から北九州付近にはいくつかの平家の落人伝説が残されています。

六代の庇護者である文覚上人が佐渡に流された時、緒方惟義の部下が六代を豊前の六枝に連れてきて、庇護したと記す古文献が残っています。真偽のほどはさておき、六代は緒方一族に救い出されて、豊前国の六枝集落に落ち延びたと語り継がれています。

六代はその後、豊後の緒方一族の本拠地に移され、保護されたとも言い伝えられます。歴史書の隅々をまさぐってみても、六代の生涯を確実に特定できる史料は見い出せません。

緒方惟義は緒方氏の始祖で、宇佐神宮の荘園である豊後国緒方庄の荘官でした。惟義は豊後国の山里の娘と蛇神との間に生まれた五代目の孫であると『平家物語』巻八に紹介されています。ちなみに、この「恐ろしき物の裔《すえ》」は、豊後大神《おおが》氏の家祖である大神惟基《これもと》に比定されています。民間伝承において、蛇と人間の娘の子孫にして、唐突に固有の名前が出てくる人物には、立派な豪の者が多いようです。

大神惟基の始祖は、初めて八幡大神を見たとされる大神比義命《おおがひぎのみこと》で、欽明天皇（第二十九代）の時世の五六八年に勅命を受けて宇佐に派遣されています。大神は「おおみわ」とも読むことがあるので、奈良県桜井町の三輪山に鎮座する大神神社との深い関係が仮想されます。

桜井町にある倭迹迹日百襲姫命《やまとととびももそひめのみこと》の墳墓と推定される箸墓古墳もまた、宇佐市の赤塚古墳と同時代の三世紀中頃の築造と見なされています。大神家は王朝の祭祀を受け持つ家柄として知られますが、宇佐の地は遅くとも古墳時代から大和王朝と深く結び付いています。大神神社の祭神は出雲系の大物主命だから、宇佐神宮の背後に古代日本の姿がぼんやり見えるようです。

惟基の祖父である大神良臣は、豊後の領民から「奈良には帰らず、どうか豊後に留まってください」と慕われるほどの評判が良い国司でしたが、残ることは叶いませんでした。しかし、子の庶幾が大野郡擬大領に叙任されたおかげで、豊後には大神家の血筋が残りました。そして、大神一族がのちに豊後の緒方一族となり、緒方の勢力は豊後を足場にして、豊前国の一部にまで広がりました。

平六代にはまた、太宰府に庇護を受けたという別種の言い伝えもあり、博多津に入港した平家を迎え入れた豪の者は、太宰権少弐の任にあった原田種直でした。

無量院にまつわる平六代の伝承

鎌倉時代の始まりは、源頼朝が征夷大将軍になった一一九二年の「いい国」と教わりましたが、近年は平氏が壇ノ浦で滅んで、頼朝が守護・地頭を置く権利を獲得した一一八五年の「いい箱」説も有力で、ほかにも一一八〇年説などがあって定説はありません。ともあれ、平家一門の支配下にあった京築地方は、もとは板井氏の所領でした。豊後に所領を持つ緒方惟義は、豊前の数カ所に城を築いていますが、築上郡八津田村大字宇留津の宇留津城はその一つでした。宇留津城の城主には、源義経に命じられた賀来惟璵が推挙されて、二代目は賀来二郎惟直が継承しています。

宇留津城に付属する塩田城には、賀来四郎惟藤が主《あるじ》に就いています。緒方一族が豊前の宇留津に城を築いたあと、豊後から城主として賀来一族が移ってきたのです。賀来一族は緒方一族の配下で、緒方惟義の指示に従っています。

緒方一族はもともと平重盛の御家人でしたが、重盛が死んで弟の宗盛が平家を率いる時代になると、平家から離れて源氏に与しています。しかし、平家の没落に加担した己に罪の意識を覚えていたのか、平六代を庇護したとする伝承を残しています。

緒方一族は陰ながらの力添えとして、平家の霊を弔うためとしてか、天台宗の寺である無量院を建立しています。しかし、時代は源氏の世を迎えていたため、平六代の存在を大っぴらにできず、隠語を用いて六代の所在を隠し通したと伝わります。

昔は小さな集落を字《あざ》と言い、大字《おおあざ》とか小字《こあざ》と呼んでいましたが、無量院のある築上郡八津田村大字東八田の地域には「六枝」「塩田」「負田」といった小字を思わせる地名がいくつかありました。

そして、小字の下には門《かど》がありました。無量院が置かれた小字《こあざ》か門《かど》に「ムツエ」と呼ぶ地域があります。平維盛の長子であった平六代が落ち延びてきて、現在の六枝に隠れ住んでいたことから、六代様（平家直系の六代目）↓六代↓六枝↓ムツエに転じたと伝わります。「代」と「枝」はなんとなく、意味のうえで通じるところがあると感じます。

また、無量院の近くに「ツボネ」「オオテギ」「キド」といった古名がいくつか残っています。昨今は職場のベテラン女性を御局様などと言いますが、ツボネは上級の女官が務めた場所もしくは女官を言います。オオテギは「大手木」すなわち城の大手門のことで、キドは城門の木戸を指すのでしょう。

無量院の近くの小さな橋には「チチバシ」という名前が付いていますが、おっぱいのお乳《ちち》だと思いますが、乳と橋がどう結び付くのかわかりませんが、女官の胸の乳房と結び付きそうだし、平家の落人伝説と関係がありそうな古名として残っています。

今に残る地名から推測すると、六代を囲む平家一族の流浪の女官たちが隠れ住んでいた場所が「六枝」と言われたと想定されます。六枝集落は何らかの事情で塩田城と宇留津城の庇護下にあり、要するに緒方一族の勢力下に置かれていたようです。

なお、下関に残された平家の女官たちは「女郎」にされたと伝わりますが、今に残る先帝祭で市内を練り歩く上臈道中というイベントの主役として、平家滅亡の歴史を暗示させています。上臈とは官位の高い高貴な身分の上席の女中を指しますが、下関で女郎になった平家の女官は遊郭で働く遊女と言うより、芸能人のような身の上だったと解釈しておきましょう。

山口大学の研究論叢の中には、杉尾守（玄有）の著作による『平家六代御前と六枝集落』と題した論文があります。杉尾先生の考証とともに、私の兄の無量院の吉水成二と杉尾先生によるムツエという地名についての問答が掲載されています。

杉尾玄有先生は八津田村の陣山与吉の子息で、広島高師（広島大学）の卒業生で、のちに八津田村の名門である杉尾家の養子に入っています。私より二十歳か三十歳くらい年長でしたから、もちろんとっくに故人になられました。

平六代は密かに無量院のある六枝集落に移ってきたとされますが、源氏の世にあって、六代の名を口にするのは憚れるため、隠語にして「六枝」と書いて「ムツエ」と読ませ、局とか大手木といった構築物を設けて、密かに匿まっていたと伝わります。

六代については、その後の経緯はよくわかっていません。六枝を逃れて、豊後国に行ったのではないかという説もありますが、およそ想像の域を出ない伝承にすぎません。六代が六枝集落にいた時代の話かどうかは不明ですが、平家一門や六代の菩提を弔うために作られた小さな祠のような寺が最初期の無量院であったと想定されます。

なお、六枝集落から北へ海岸の方へ三百メートルの付近に鎌倉時代以後から「松ノ木殿」（平家一族の誰だろうか？）と呼ばれる場所があって、平家伝説（落人伝説）に関係する地所ではないかとも想定されます。ただし、私が物心ついた頃は、着艦訓練場と呼ばれていました。戦時中の利用に基づく地名に代えられて、松ノ木殿は忘れられました。

終戦直後は屑屋さんが大繁盛する時代だったので、着艦訓練場の鉄塔は無頼な人たちが無断で壊して、鉄屑にして売り払ってしまったので、私が小学校に行く頃の松ノ木殿は兵《つわもの》どもの夢の跡という印象の大地が残るだけでした。

六枝集落ができた時代と同じ頃、大田（負田）の集落に長泉院が建立されて、豊後から立派な仏像が贈られたと伝承されます。豊後からもたらされた仏像であるかどうかの証明はできていませんが、無量院の名称を変更した現在の長泉院には、古色蒼然とした二体の阿弥陀如来像が残されています。

旧長泉院に伝わる阿弥陀如来像

阿弥陀如来像の四隅を四天王が支えている。これは奈良時代にみられる様式と言われる

由緒ありげな阿弥陀如来の仏像について、豊前地区では有名な故人になられた太田歳夫（筆名は太田歳）画伯が鎌倉時代の作であろうと言われましたが、科学的な証明はなされてはいません。九州国立博物館に鑑定していただくには、寄贈が条件になるとのことで、無量院に残したままでの調査依頼は難しいようです。

Ｘ線やＣＴ画像などで仏像のレントゲン写真を撮って、科学的な調査をすれば、体内に納められた遺物や銘などの有無を調べて、証拠を探し出せれば、鎌倉時代の作品かどうか正確な由来がわかるかもしれません。

第三章　浄土世界を信じた鎌倉武士

豊前に城井宇都宮氏が誕生

朝廷による頼朝と敵対する勢力作りが沙汰やみになった頃、平家の残党が九州のあちこちで蜂起する事態を招いていたので、後白河法皇は反乱に対処するため、宇都宮信房に鎮定を命じました。信房は若干の官兵を率いて、ひとまず豊前国仲津郡今井津に駐留して、筑前・筑後を平定しています。

後白河法皇から義経追討の院宣が出されると、信房の迷いはいっきに吹っ切れています。法皇と義経との連携がご破算になり、頼朝との関係が密になったとわかったからでしょう。平家の残党討伐は表向きの理由で、じつは京都から突如として姿を晦《くら》ました義経の行方を確かめることが目的だったとも言われます。

朝廷からはさらに「九州に赴任していた九州惣追捕使の天野遠景と力を合わせて、青海島（奄美諸島の鬼界島）の平氏の残党を征伐せよ」との勅命を受けています。源頼朝が征夷大将軍に任ぜられたのと同じ年に、信房は青海島追討の功によって仲津郡城井《きい》郷（板井の所領だから平家没官領）に入って、なし崩し的に宇都宮領にして地頭の職を得ています。

源頼朝の御家人であった宇都宮信房は、いみじくも後白河法皇が義経に与していた時期の計らいがあって、豊前の城井（福岡県築上郡築城町大字寒田小字城井）に派遣され、宇都宮家が新たに構える拠点として城井宇都宮家を誕生させる結果になったのです。

また、豊前伊方荘の地頭であった城井貞程は、青海島に赴《おもむ》かなかったなどの理由で地頭職を召し上げられ、城井氏の跡地も信房に与えられました。信房はほかにも、日向国（宮崎県）の児湯郡の平家没管領も貰い受けています。信房は上洛して朝廷に九州での平定を奏上して、鎌倉に出向いて頼朝の御家人としての戦功を報告しています。

城井宇都宮家は関東の宇都宮の分家だから、平安時代に豊前の城井に居を構えていた板井家とは別の家系です。古くから城井の地を収めていた板井家は放逐されて、そのあとに宇都宮信房が入り、地名の城井をそのまま家名に付して、城井宇都宮家としたしだいです。

信房は信仰心の厚い人物で、祖先の宇都宮宗円（下野宇都宮の初代）の墓を祀る出身地の下野国の宇都宮大明神のご神体を仲津郡城井馬場村に勧請《かんじょう》しています。また、下野郡から文殊菩薩を勧請して、築上郡正光寺を建立しています。

なお、源頼朝と御台所の北条政子による摂津国（大阪府）の四天王寺への参詣の折、いわば慰安旅行を兼ねた兵《つわもの》の顔見せとも言えるイベントですが、後陣の北条義時らの二十六騎の中に宇都宮信房の名が見えています。信房は頼朝からの信頼が厚かったらしく、先発した下野宇都宮家のほうが分家扱いされて、新参にもかかわらず、城井宇都宮を新たな本家と主張した信房の猛者ぶりが伝わってきます。

豊前の城井宇都宮家の成立は、矛盾を抱えた社会が激しく移り変わる戦国期のうねりの結実と言うべきか、源平合戦の事後処理として、どさくさに紛れてと表現されるように、宇都宮信房をもって初代が始まりました。

仏教に救われた源智上人

平六代が神護寺の預かりになったのとほぼ同じ頃、法然上人が少年時代の源智上人の身を救って預かりとしています。源智上人の父は、平重盛の五男の備中守を務めた平師盛《もろもり》だから、源智上人は平六代の従兄弟に当たります。平師盛は一の谷の合戦で戦死したあと、平忠度や平敦盛などとともに、京の八条河原で首を獄門に架けられています。

平師盛が処刑された時、源智上人はまだ幼かったために生き延びられて、出家して法然上人の弟子となりました。平家の遺児が生きていくのが困難な世相において、源智上人は法然上人の寺に入ったことで命を救われました。

法然上人の高弟となった源智上人は、法然上人の晩年をずっと一緒に過ごして、師の身体が日に日に衰弱していく様子を心配しながら、臨終に際し「私に何か教えを残してください」とお願いすると、法然上人は自身の一枚起請文を授けました。源智上人は法然上人が没するまで近侍して、師の最後を看取りました。浄土宗の寺院では、毎日の勤行の時に一枚起請文の一部を読んでいます。法然上人直筆の一枚起請文の現物は、京都の金戒光明寺に保管されています。

法然上人の没後、源智上人は京都における法

法然上人の高弟たち

信空（白川門徒）
俊寛（多念義・長楽寺流）
弁長（鎮西義）　→　一遍上人（時宗）
幸西（一念義）
親鸞（大谷門徒）　→　浄土真宗
湛空（嵯峨門徒）
証空（西山義）　→　浄土宗西山派
源智（紫野門徒）
長西（九品寺流）

然教団の維持に努めています。源智上人は京都の百萬遍知恩寺の二代目（一代目は知恩院と同じ法然上人）で、京都大学の正門前に大きな建物を残しています。平六代にしろ、源智上人にしろ、この当時は出家して僧侶の身分になることで命を救われる例が多々あったのです。

平重盛の弟の重衡は南都を焼き討ちにして、東大寺の大仏を焼失させた大悪人とされていま す。重衡は一の谷の合戦で捕まり、梶原景時によって鎌倉に送られ、源頼朝と北条政子は厚遇していますが、南都衆徒から身柄の引き渡しを求められて、斬首される前に法然上人に面会して受戒（キリスト教で言う告白のようなこと）したというエピソードが『平家物語』の巻第十の「戒文」の節に出ています。

比叡山を下りた法然上人は、吉水の草庵に住まわれ、念仏を唱える生活を送りながら、訪れてくるすべての人を受け入れ、布教に努めています。六代と源智上人の祖父である平重盛は、法然上人が教える救いの思想を知って信者になっています。

源平合戦に明け暮れた時代は、修羅の世界そのもので、生き地獄の世の中となり、新しい仏教が求められる世相を迎えていたのです。平重盛は法然上人の大檀那となって人格を磨いたと言われますが、浄土宗の教えに救われたのではないでしょうか。

法然上人の二十五霊場の京都にある第十四番の小松谷正林寺は、平安時代には小松内大臣であった平重盛の別邸でした。小松殿は四十八の灯籠を点して、念仏行道されました。平家の没落後は、摂政から関白に登った九条兼実公の山荘となり、重盛の時代と同じく、法然上人はたびたび招かれて法話を講じています。正林寺は数世紀を経て京都女子大学の近くに現存しており、私は三度ばかり参詣させていただきました。

無量院は法然上人の宗旨に基づいて

仏教はそもそも、現在のネパールの一部を拠点とする釈迦族の王子であったゴーダマ・シッダルタが修行を積んで、煩悩を捨て去って悟りを得て「仏陀」となり、インドで布教を始めた教えと定義されています。古代インドの原始仏教では、人は一度死んでも必ず別の何かに生まれ変わると信じる「輪廻転生《りんね》」を教義の土台に据えています。

輪廻によって生まれ変わる世界には、天道・人間道・修羅道・畜生道・餓鬼道・地獄道という「六道」があって、この世で為した善行・悪業が「因果応報」に基づいて、必ず何かに生まれ変わって永遠に死ぬことが許されないという世界観をベースにして、一人一人が厳しい修行を必要とする出家を求めるため、個人用の乗物に喩えられて小乗仏教と言われます。

日本の仏教は中国を経由して、欽明天皇の時代に伝わり、当初は主に美術と技術が導入され、南都六宗のそれぞれが奈良において学問として発展させ、上流階級の信仰する宗旨となりました。その後、遣唐使になって仏教を学んだ最澄（伝教大師）が比叡山延暦寺を建立して天台宗の開祖となりました。

貴族や僧侶以外の凡夫には、修行や学問は難しく、造塔起寺はできないので、往生は叶うまいとされていましたが、比叡山で天台宗の教義を修めた法然上人は、一人一人には無理な修業を求めず、仏の一つである阿弥陀仏に念仏を唱えさえすれば、必ず極楽浄土に行けると説いて、浄土宗の開祖となりました。

平安末期に始まる一般庶民向けの日本仏教は、他力によってみんなが一緒に救われる大きな乗物に喩えられる大乗仏教だから、本来のお釈迦様の仏教とは性格を異にしています。ただし、人々に善行を積ませる目的として、六道の考え方は取り入れています。

六代と関係の深い無量院は、天台宗の寺として発足しました。本来は法然上人の浄土宗であるべきでしたが、浄土宗が念仏批判を受けて、法然上人が罪人に仕立てられて四国に流された建永の法難に見舞われて、浄土宗は大っぴらに広められなくなっていました。
浄土宗にとって、天台宗は親元に当たるにもかかわらず、法然上人を配流する罪に同意しています。浄土宗を名乗ることが憚られる時世であったがゆえに、無量院は仕方なく天台宗と名乗ったのではないかと思われます。その後、宇都宮家が支配する世になって以降、無量院は天台宗から西山浄土宗へと移っています。

無量院は六代をはじめ、平家一門の方々の魂を鎮めるために建立された寺と思われます。感慨無量という言葉が示すように、無量とは量に限りがないことで、人には量りしれないほど量の多い無限の世界を喩える言葉です。

『平家物語』『源平盛衰記』『吾妻鏡』などに依拠しながら、六代をめぐる私の勝手な推理を語らせていただきましたが、いうなれば推論にすぎません。ともあれ、私が生まれた無量院が、いみじくも法然上人と浅からぬ縁で繋がっていると知った時、浄土宗の教えを深く理解したいと願うようになりました。

法然上人を慕う二人の蓮生

豊前の城井宇都宮の初代である信房の同時代人として、下野《しもつけ》の宇都宮家で目立つ活躍をした人物は宇都宮弥三郎頼綱でしょう。頼綱は父の成綱が早世したために、祖父の朝綱《ともつな》（三代目）に養育されて、成人後に五代目を継いでいます。

頼綱の主君は、源頼朝・頼家・実朝の源氏三代です。頼綱は鎌倉前期に活躍した有力な家柄の関東武士の総領ですが、万人平等の教えを説く法然上人の浄土宗に帰依して、出家後は実信房蓮生《じっしんぼうれんしょう》と名乗りました。

蓮生を名乗る同時代の僧がもう一人いて、源頼朝の御家人となって一ノ谷の合戦で平敦盛を討ち取り、若い命を奪った戦さ世に無常観を覚えて出家した熊谷次郎直実がその人です。直実が逃げようとする公達らしき騎乗の若武者の平敦盛を呼び止めて一騎打ちを挑んで馬から落とし、いざ首を取ろうとして顔を見れば、年端のいかないわが息子ほどの年齢の少年でした。

一瞬、逃してやろうと思いもしましたが、味方がすぐ近くに迫っていたので、直実は「死後のご供養は致しましょう」と言って、泣く泣く若武者の首を斬り落としました。直実は後悔の臍《ほぞ》を噛み、その後はいっさい戦場に赴かず、伝手《つて》を得て法然上人に会い、率直に「後生」について尋ねると、上人から「今生の罪の軽重は問わず、ただ念仏を申せば往生するなり」と言われて、迷うことなく出家を決意しています。『平家物語』のこの名場面で知られる直実もまた、宇都宮頼綱と同じ関東武士ですが、出家後は法力房蓮生《ほうりきぼうれんせい》と名乗っています。

宇都宮頼綱と熊谷直実の両人は古くからの知り合いで、蓮生という同じ文字の名前ですが、宇都宮頼綱は蓮生《れんしょう》と言い、熊谷直実は蓮生《れんせい》と区別して呼ばれました。法力房蓮生と実信房蓮生は、京都で一緒に暮らす事情があったらしく、一方が蓮生《れんせい》（熊谷直実）と呼べば、片方が蓮生《れんじょう》（宇都宮頼綱）と返していたとのことです。

頼綱も、直実も、法然上人の弟子でした。法然上人の諱《いみな》は源空《げんくう》で、通称は吉水上人もしくは黒谷上人でした。法然上人もやはり、美作《みまさか》（岡山県）の武士の子でした。武士の教養は仏教に基づくので、僧侶との間を隔てる身分の垣根は低く、出家して還俗する例も少なからずあり、一跨ぎで容易に越えられる関係でした。

法然上人は京に上洛してくる鎌倉武士に法話を説きながら、念仏を唱えさえすれば、死後に往生できると講じました。常に死と隣り合わせにして生きる鎌倉武士は、法然上人の話を聞くと、多くの者が浄土宗に帰依しています。津戸三郎為守、大胡太郎実秀、宇都宮頼綱の実弟の塩谷朝業らのほか、北条政子も法然上人の法話を好んで聞く一人だったと記録されています。

二人の蓮生は、ともに法然上人のもとで出家しています。浄土宗に早く帰依したのは直実で、年齢も僧としてのキャリアも頼綱より先輩でした。

熊谷直実こと出家後の蓮生が関東に向かう途中、まだ出家していない宇都宮頼綱と出会い、ふとしたことから喧嘩になり、あわや斬り合いになろうとしました。ところが、熊谷蓮生房が突如として頼綱の前に刀を投げ出し、両の手を突いて「自分はもはや昔の熊谷直実ではない。今は南無阿弥陀仏を唱える蓮生だ。無益な争い事はできない。許してくれ、宇都宮」と言うと、いきなり念仏を唱え始めました。頼綱は大いに驚き慌てて、和解の提案を出したと伝わります。

証空上人は西山浄土宗の開祖

下野の宇都宮家には、いくたびか存亡の危機がありました。頼綱の祖父の宇都宮朝綱が下野の国司である野田行房から公田を掠領《りゃくりょう》したと訴えられて、豊後国の国府預かりと裁定され、配流地は土佐国とされ、嫡子の業綱は死去していたので、二人の孫のうち頼綱が豊後国（大分県）に、朝業《もとなり》は周防国（山口県）へと配流されていますが、三人はまもなく赦免になっています。ただし、宇都宮家は朝廷に仕える身分で、ただ主君と仰ぐ源頼朝の意向に従っただけだからとして、頼朝による働きかけがあったのか、朝綱は赦免されて土佐へは赴かなかったとも言われます。

朝綱が出家して仏門に入って隠居身分となった時、頼綱が家督を継いでいます。頼綱が下野宇都宮の五代目を継いだあと、北条時政が三代将軍の源実朝を殺害して時政の継室である牧の方の娘婿の平賀朝雅を将軍に立てようとする企ての騒ぎがあった折、頼綱の姑が牧の方であったために、頼綱がとばっちりを受けて嫌疑を掛けられています。

北条政子邸に北条義時や大江広元や安達景盛らが集まり、小山朝政が呼び出されて頼綱についての評議が行なわれました。小山は大江から頼綱を追討しろと迫られましたが、確実な証拠もなしに義理の兄弟は討てないと断わりました。

頼綱は小山に仲介してもらって、謀反の志などあるはずないと鎌倉政庁に書状で陳述したうえで、一族郎党六十余人の全員を出家させて、北条家に詫びを入れた時に自分も出家して、実信房蓮生になっています。

鎌倉時代の御家人は、幕府に対して不都合な何かを仕出かした折、ただちに出家することで罪状に対処していました。ちなみに、出家後の平清盛は浄海入道と名乗っていましたが、死ぬ直前に「天下のことは、宗盛の命に異論を唱えてはならない」とあくまでも武士の棟梁としての権限を頑として守り通しています。

平安時代の末期頃から形式的に出家して罪を詫びて、謀反の容疑を弁明する方策が取られていましたが、実際は武士としての立場を固持するケースが多々窺えます。宇都宮頼綱もやはり、出家はしたものの、宇都宮五代の棟梁としての下野宇都宮家を支える役目を存分に果たしています。出家後の実信房蓮生は熱心な仏教徒となって、法然上人の一番弟子である証空上人に師事するようになりました。

頼綱の御師にして、西山《せいざん》浄土宗の開祖である善慧房《ぜんねぼう》証空上人（西山上人または西山国師）は、村上源氏の流れを汲む源親季の長男ですが、九歳の時に同族の久我通親の養子になっています。証空は地位の高い家柄の出身者となり、学者肌の僧として、後世に幾つかの著書を残しました。

証空上人は曹洞宗の開祖である『正法眼蔵《しょうぼうげんぞう》』を著した道元禅師の長兄に当たりますが、血の繋がりはありません。

西山浄土宗と宇都宮氏

法力房蓮生《れんせい》こと熊谷次郎直実は、法然上人が自作した尊像を賜り、現在は京都の嵯峨野にある法然寺を建立して、初代の座主はもちろん直実自身が務めました。二代目を実信房蓮生《れんしょう》である宇都宮頼綱が引き継ぎ、法然上人の初志は恙《つつが》なく今日に継承されています。

宇都宮頼綱は法然上人の一番弟子である証空上人に師事していましたが、法然上人が流罪を終えて箕面《みのも》の勝尾寺に戻ってきた時、何度も会いに行って説法を受けています。しかし、法然上人はすぐに亡くなられたので、再び証空上人に師事しています。法力房蓮生《れんせい》は早く亡くなっていますが、実信房蓮生《れんしょう》は八十二歳の長寿を全うしており、証空上人も長命でした。

西山浄土宗の開祖は証空上人で、京都府長岡京市にある粟生《あお》光明寺が総本山です。天台宗であった京築の無量院は、粟生光明寺の末寺となり、西山浄土宗の寺として再出発しました。

ともあれ、宇都宮蓮生が西山浄土宗の僧侶になったために、宇都宮一族のほぼ全員が西山派の信者になりました。また、関東の宇都宮一族の分家が豊前築上郡の宇都宮一族となった時、この地域のほとんどの寺が西山浄土宗に移行したようです。

実信房蓮生は名だたる文化人でもあり、歌人としての素養がありました。勅撰和歌集の『新古今和歌集』を撰進した平安時代末期から鎌倉時代初期にかけて活躍した公家の歌人にして、一般に『小倉百人一首』の撰者として知られる藤原定家とは親戚の間柄でした。頼綱の子女が定家の子息である為家の室になっています。

実信房蓮生と定家の二人は親しく交わり、和歌を嗜む場として宇都宮歌壇を作り上げました。当時の日本の三大歌壇は京都・鎌倉・宇都宮でしたが、宇都宮一族の歌集には『新和歌集』があり、とりわけ朝業の三代将軍である源実朝への贈答歌は高い評価を受けています。

実信房蓮生は大名身分の出家隠居ゆえに、暮らし振りには裕りがあり、学者僧の証空上人のお伴をして、故郷の宇都宮の周辺はもちろん、遠く陸奥國まで布教するかたわら、和歌を詠みながら行脚を楽しみ、各地に寺を作っていったとのことですが、後世の芭蕉と曾良《そら》による俳諧の旅のような様子だったのでしょうか。

証空上人と頼綱の両人は、ともに京都で死去しています。頼綱は京都の西山の三鈷寺《さんこ》の証空の墓のそばに葬られています。八十歳の高齢に達した私が、山奥の寺まで喘ぎながら登ってみると、三鈷寺は鄙びた寺院になっていました。宇都宮からの墓参団の痕跡がわずかに残り香を漂わせていましたが、現在お参りする人はほとんどいないようです。

下野と豊前の宇都宮家の交流

令和四年（二〇二二年）の初め、私は妻に誘われて千葉県佐倉市にある国立歴史民俗博物館を見学しました。その節、たまたま栃木県の宇都宮一族の特別展があって、頼朝・尊氏・秀吉を支えた名族という副題を付けて、宇都宮家を特集した『中世・宇都宮氏』と題した冊子が販売されていたので、もちろん迷わず購入しました。

大阪の冊子に解説されている宇都宮一族は、大半が栃木県の宇都宮に関する内容で、残念ながら豊前宇都宮の話はほんのちょっぴりしか載っていませんが、四国の伊予宇都宮のことなど、宇都宮氏に関わる多種多様な文物がふんだんに紹介されていて、興味深く拝読しました。

法然上人の遺骸を護衛する蓮生（宇都宮頼綱）と信生（塩谷朝業）の兄弟。（上の絵の中央部を拡大）

私の目を奪った絵図は、僧侶の衣服を身に着けた二人の騎馬武者が家来を伴って法然上人の遺骸を守って葬場に向かう場面でした。二人とは宇都宮頼綱と塩谷朝業の兄弟で、僧侶姿のまま武装して馬に乗り、法然上人の遺骸が襲撃されないようにと家臣たちを従えて警護するシーンです。この絵画はかなり流布されているそうですが、私は初めて目にしました。

宇都宮頼綱が証空上人に再度の弟子入りをした折、宇都宮一族は揃って浄土宗西山派に帰依しています。豊前に来たのは西山派に移った宇都宮一族だから、京築の寺の大半

「法然上人絵伝」巻42　1巻（知恩院所蔵）

は西山浄土宗に変わりました。豊前に浄土宗西山派が集結するのは珍しいと思いますが、じつは宇都宮一族が西山浄土宗に帰依したからです。

下野宇都宮と城井宇都宮は、ともに源頼朝の御家人でした。宇都宮家の初代は、藤原道兼の曾孫に当たる宗円です。豊前を訪れた子孫は、二代目の宗綱の兄弟である宗房の血筋を引く信房が城井宇都宮の初代になりました。平家没管領とたった三万石の板井氏の領土に移って来て、豊前の地頭の職に就いたのです。

城井六代目の冬房（初めは高房と称し、のちに冬綱とも宗綱とも）は、下野の八代目の宇都宮貞綱の長子だから、下野宇都宮の九代目の公綱の実兄に当たります。二歳の時に城井五代目の頼房の養子として豊前に入り、城井宇都宮の六代目を継ぎました。

両家の間で養子縁組がなされて、冬房は城井宇都宮の当主を継承するために下野から豊前にやってきた養子でした。下野の宇都宮で直系がいなくなった時は、豊前の宇都宮が養子として入る逆のケースもあったようで、互いに密な交流がなされていたと推察されます。

宇都宮冬房は足利尊氏が九州に下野《げや》した折、兵を挙げて尊氏を支援したおかげで、南北朝の騒乱期には幕府の要職を担っていたらしく、数多くの高位高官の席を与えられています。

足利尊氏と直義の兄弟に不和が生じて争いを始めた時は、下野宇都宮の公綱ともども、城井宇都宮も尊氏側に与しており、豊前守護職については、尊氏から「決まっているとおりで、変更はないので、凶徒らについては武器を使わずに策略をめぐらして治めよ」との書状が届けられています。

残念ながら、栃木県の宇都宮も、豊前の城井宇都宮も、豊臣秀吉が全国を統一する過程の煽りをくらって、さしもの名門もほぼ同じ時期に滅亡に追い込まれました。

第四章

懐良親王の九州盛衰史

武士が土地の所有権を求めて

鎌倉幕府が成立して、一一九二年に源頼朝が朝廷から征夷大将軍に任じられて以降、一八六八年の明治維新を迎えるまで、武家が国家を統治する社会システムは、なんと七百年間近く続いています。ただし、わずか五年間という短い期間ですが、天皇家が政治の実権を取り戻した時期があり、後醍醐天皇による「建武の新政」は、鎌倉幕府が滅亡した一三三三年に始まりました。

北条家が実権を握る鎌倉幕府は、後醍醐天皇側に与した反乱軍を鎮圧するために、足利高氏（高氏の「高」は得宗の北条高時から一字をいただく）をリーダーとして西上させました。鎌倉幕府の御家人は、将軍から領地を認めてもらう「御恩」に報いて、いざという時に「奉公」を尽くす立場で、武家社会は主従関係による封建制度が確立されていました。

わが国の土地制度はそもそも、大まかに言えば、平安期の律令制における班田収授法が実施されて、土地はすべて国が管理する制度を導入していましたが、なし崩し的に土地私有化の考え方が育ち、やがて土地の所有権を巡って闘争が繰り返される時代に突入します。

大和朝廷は都を七一〇年に平城京に移転させたあと、飛鳥時代の後期に始まった律令制を基盤に据えた政治システムの整備を進めて、貴族たちを全国各地の国司に任命し、現地では古代からの地方豪族を郡司に任じて、国司を補佐させる制度のネットワークを全国的に張り巡らしました。民衆には国家の土地である区分田こと田んぼが付与され、見返りとして租税が課されました。朝廷の経済基盤は、民衆が納める租・庸・調などの税で成り立ち、兵役は徴兵制にして、国家の社会体制が構築されていました。

小野老《おののおゆ》が「青丹よし奈良の都は咲く花のにほふがごとく今さかりなり」と詠んだ奈良時代の八世紀は、国が豊かに発展しながら人口が増えた時期です。朝廷はさらなる食料増産の必要上、新規の灌漑設備を作った者には子・孫・曾孫に至るまで保有できる三世一身法を施行し、さらに改制した墾田永年私財法を発布して、田畑の開拓を奨励した結果、土地を私有できる考え方が定着されて、やがて荘園という名の私有地を誕生させる要因となりました。

平安時代の中期に入ると、開墾した土地の税金が免除される「不輸の権」を有する貴族や寺社に寄進する方式の荘園が拡大されていきます。私的な土地所有者がどんどん増殖すると同時に、実際に土地を管理する地元民がしだいに財力と武力を蓄える武士階級に成長しましたが、名目上の土地の持ち主は、依然として貴族と寺社に限られていました。

不合理きわまる社会システムの世相下にあって、源頼朝が「武士であっても、土地の正式な持ち主になれる」というスローガンを掲げて、現地で実質的に農業経営に精を出す者たちに呼び掛け、朝廷に地頭の職務に携わる武士が土地の所有権を持つ権利を朝廷に認めさせました。かてて加えて、頼朝は謀反人を取り締まる追捕使の任命権を朝廷から公式に委嘱されて、鎌倉幕府は盤石の政治権力を発揮する武家社会を確立させました。

鎌倉幕府を統率する源氏三代目の実朝が暗殺されたあと、北条氏が執権という役職のもとに幕府政治を継承します。執権は天皇の職務を代行する関白と似たシステムで、京都から招いたお飾りの年若い宮《みや》将軍を補佐する形で北条家が政治の実務を支配していました。

ところが、鎌倉時代の武士の家督相続に関する法が均等配分制だったため、家督を継ぐ長子は財産を他の兄弟に分配したので、御家人としての義務を負わされながら権利が減って、相続を重ねるたびに、領地がどんどん分割されて縮小されたため、鎌倉幕府の御家人たちの不満が鬱積していき、いきおい政権崩壊の引き金となりました。

『蒙古襲来絵詞』前巻 絵七

鎌倉時代中期の北条時宗が第八代執権に就いていた時代、モンゴル帝国による二度の俗に言う元寇（文永の役と弘安の役）という蒙古襲来があって、西国の御家人が自らの領地を守るために、借金して自前で戦費を調達し、元軍を追い払ったあと、幕府に損失補填を求めています。しかし、防衛戦ゆえに幕府には恩賞に充てる土地の原資がなく、籤引きでわずかに遠隔の領地を貰える者がいても、現実的な目に見えるメリットはなく、各地で経済的に追い詰められた御家人が数多く生じました。

蒙古襲来時の戦闘に参戦したのは、主に九州の武士団でしたが、御家人であった肥後の竹崎季長が恩沢奉行の安達泰盛に直談判して、恩賞を得た様子を『蒙古襲来絵詞』に描かせています。上京して自分が語る話が嘘なら命を差し出すとの強談判《こわ》だったし、別の事情もいろいろ絡んでいるので、竹崎のケースは特例と見なせますが、九州の武士たちは総じて大きな不満を抱えていました。

なお、モンゴル側は「日本は広いし、武士が勇敢で死を恐れず、あとからどんどん救援が来るが、わが軍は海があるので、援軍が求められないし、撤退するのも困難だ」とフビライに報告しています。

倒幕を願う後醍醐天皇が挙兵すると、全国の武士の中から帝に味方する者が少なからず出たのは時代の要請であり、いわば必然の成り行きでした。

皇位の両統迭立が南北朝対立の火種に

後醍醐天皇は一三一八年の即位後に二度の倒幕計画を企てて、いずれも事前に露見して、最初の時は知らぬ存ぜぬを貫き通しましたが、二度目は幕府によって隠岐島（島根県）に配流されました。幕府は後醍醐帝が退位したと見なして、光厳《こうごん》天皇（日本史は一般に北朝の初代天皇としているが、南朝はまだ開始されていない）を即位させました。

護良《もりよし》親王が各地の武士に呼び掛けて、倒幕の令旨《りょうじ》を出したこととあいまって、伯耆《ほうき》の名和長年の協力を得て後醍醐帝が挙兵すると、驚天動地と言うべきか、後醍醐側の反乱軍を鎮圧する目的で幕府から派遣された足利高氏が後醍醐天皇の綸旨《りんじ》を受けて反旗を翻し、あろうことか後醍醐帝側に鞍替えしました。

　高氏が素早く鎌倉幕府の京都の拠点である六波羅探題を守護する北条仲時を攻撃して自殺に追い込むと、鎌倉では清和源氏の血筋を引く新田義貞が執権の北条高時を討ち、鎌倉幕府を滅亡させました。武力による支配体制を好まないはずの後醍醐帝は、武士の力を借りて武家政権を倒すという反作用を起こしかねない無理筋の手を使いました。

後醍醐天皇（清浄光寺蔵）

　高氏が後醍醐天皇に加勢したのは、幕府の政治運営に不満を募らせた武士たちの要請に応えるためであって、とりわけ足利家の政治的立場の引き上げを考慮したからでしょうが、真の狙いは御家人で組織する幕府体制の再編成にあったと想定されます。

　倒幕は果たせたものの、天皇家は後醍醐帝が登場する約七十年前から深刻な問題を抱えていました。後嵯峨天皇が早々と退位して、四歳にしかならない御深草天皇に皇位を譲ったけれど、上皇になってから生まれた子を可愛く思ってか、強引に「天皇位を弟に譲れ」と後深草帝に譲位を迫りました。亀山天皇を十一歳で即位させたことに端を発して、結果的に後深草天皇の血筋を引く「持明院統」と亀山天皇系の「大覚寺統」が交互に皇位に就く両統迭立《ていりつ》という不測の事態を招いてしまいました。

両統とも不承不承ながら、交互に皇位を務める期間を定めて、順番どおりに皇位を継承していたところ、大覚寺統から即位した後醍醐天皇が皇位に強い執着を示して、誰にも席を譲らないと両統の取り決めを無視して約束を反故《ほご》にしました。

後醍醐帝は幕府体制を否定したのみならず、藤原氏が舵取りする摂関政治も拒否して、父である後宇多上皇による院政も廃して、天皇中心の政治を行なうと宣言して、数世代前の醍醐天皇から村上天皇までの親政時代を理想に掲げて、天皇に権力を集中させる建武の新政と称する政治を始めました。

建武の新政において、後醍醐天皇は武士たちの功績を一顧だにしないどころか、逆に武士が所有する土地を自分にすり寄る者に分配するなどしたので、支配下に置いたつもりの足利尊氏

（後醍醐天皇の諱《いみな》の尊治から尊の一字を賜って改名していた）と対立する局面を招来しました。尊氏は鎮守府将軍という名目だけの役職に任じられていたものの、要求した征夷大将軍の座には護良親王が任命されました。

建武の新政下に見る武士の流動性

後醍醐帝には十八人の皇子がいましたが、まだ幼児でしかない義良親王《のりよし》（のちの後村上天皇）を北畠顕家《あきいえ》に預けます。顕家は義良親王を奉じて、陸奥将軍府を置く陸奥国に下りました。

北畠顕家は後醍醐天皇の最側近として活躍していますが、公家でありながら、弓の名手としても知られた武将です。芸能面にも秀でて、後醍醐天皇と北山第に行幸した折に『陵王』を舞い、凛々しく艶やかな姿が花将軍と称賛されました。北畠家の一族を祀る霊山《りょうざん》神社（福島県伊達市）には、顕家を忍ぶ剣舞が祭事を通して今日に伝わります。

北畠顕家は『神皇正統記』を著作した公家の北畠親房《ちかふさ》の長男で、父は万里小路宣房・吉田定房とともに「後の三房」と呼ばれた学識の高い人物です。南朝の正当性を主張する親房による

北畠顕家（霊山神社蔵）

『神皇正統記《じんのうしょうとうき》』は、鎌倉時代をテーマにした慈円《じえん》著の『愚管抄《ぐかんしょう》』と双璧と評価される書物で、神代から中世の日本までを物語る重要な史料になっています。

護良親王が征夷大将軍の名のもとに、配下の武士たちの領地を認めて勢力を伸ばそうとすると、後醍醐天皇はわずか四カ月で護良の将軍職を解任しています。後醍醐帝は護良親王の武力を必要としながらも、武技を嗜み鎧を好んで着用する偉丈夫だからか、わが息子をしばしば疎遠に扱っています。

とんでもないことに、護良親王が後醍醐天皇の帝位を狙っているとの讒言《ざんげん》を信じて、名和長年に逮捕された親王を政権に席を持たない足利尊氏に預けてしまいます。護良親王は流罪となり、鎌倉に送られて、尊氏の弟である足利直義の監視下に置かれて幽閉されました。鎌倉幕府はすでに滅亡していましたが、じつは信濃（長野県）の諏訪神社に保護されていた北条高時の遺児である北条時行が中先代の乱と言われる鎌倉奪還の戦闘を起こしましたが、足利直義は逃走する直前、どさくさに紛れて護良親王を暗殺させています。

ところが、時行は鎌倉を攻略した直後に暴風に見舞われ、避難していた大仏殿が倒壊して、兵二百人余りが一人も残らず押し潰されて死んだと『太平記』に書かれています。時行軍は仏《ほとけ》を軽んじて罰《ばち》が当たったと士気を喪失したのか、尊氏軍にあっさり討ち取られました。

後醍醐帝は足利尊氏が鎌倉に居座わるのはまずいと判断してか、都に召喚しようとしました。しかし、直義の意見を取り入れた尊氏は、鎌倉を拠点とする幕府の再興を図ろうとして、帝の命令に公然と逆らって鎌倉から一歩も動きませんでした。

後醍醐天皇は手のひらを返して、新田義貞に尊氏討伐の指令を出しました。義貞軍が尊氏軍に蹴散らされると、今度は陸奥に帰っていた北畠顕家に尊氏討伐を命じました。

尊氏が京に攻め入る前に、後醍醐帝は比叡山に避難しました。そして、後醍醐の危機を救うべく上洛した北畠顕家が率いる奥州軍団の参戦が得られて、義貞軍が尊氏軍を打ち砕くと、敗北を喫した尊氏は丹波（兵庫県中部）から播磨（兵庫県南部）へと逃れました。

驚いたことに、後醍醐側の軸になっていた赤松円心が尊氏を手引きしています。円心は尊氏を九州に向かわせるに際して、九州の武士団の協力を得やすいようにと京にいる光厳上皇に使者を出して、京都回復の院宣を貰うようにと尊氏に入れ知恵しています。

尊氏は九州への西下途上、長門国の赤間関（下関市）で少弐頼尚《よりひさ》に迎えられ、筑紫国の宗像大社の宗像氏範からも支援を受けられました。ちなみに、少弐とは太宰府の長官を補佐する官職ですが、源頼朝から鎮西奉行に任ぜられた武藤資頼が自らの姓としていました。

九州では後醍醐側に味方する菊池武敏や阿蘇惟直の勢いが強く、尊氏を主と仰ぐ頼尚の父である小弐貞経は戦いに破れて自刃して、太宰府は占領されていました。絶対的に劣勢な窮地に立たされた尊氏軍でしたが、筑前多々良浜の戦いにおいて、菊池軍には連日の激戦の疲れがあったのか、そのうえ強風で砂塵が吹きつける地の利の悪い場所に布陣して不利に陥ると、菊池勢に加担していた武士が次々に脱落して、まさしく地方武士の軍事的流動性そのままの状況が展開されて、なんと大いに優勢であった菊池連合軍は敗退してしまいました。

後醍醐帝が顕家の軍を奥州に帰したあと、尊氏は九州・四国・中国地方の武士から圧倒的な支援を得て、東上しても存分に戦える兵力を整えて、敗走後わずか四カ月後に大軍で都に攻め上りました。

吉野で後醍醐帝が南朝を開く

後醍醐天皇は比叡山に逃れて、ゲリラ戦法を得意とする楠木正成に対して、新田義貞軍に合流して、正面から堂々と戦えと指図します。湊川での合戦の火蓋が切られると、新田軍はたちまち総崩れとなって、楠木軍は戦場に取り残されました。楠木正成・正季の兄弟は、十数度の突撃を行なったあと、民家に駆け込んで刺し違えて自害しました。

この時、九州から戦さの動向を探りに来た菊池武澄が弟の武吉を偵察に出したところ、楠木兄弟の悲壮な覚悟を目の当たりにして、武吉はともに自害して果てました。後醍醐帝の策は的が外れて、楠木正成という掛け替えのない忠実な臣下を失いました。

死を恐れるのであれば、正成軍にも逃げるチャンスはあったでしょう。死を覚悟していた楠木正成が「人間は死んだあと、さまざまな物に生まれ変わると言うが、お前は何に生まれ変わりたいか？」と弟に尋ねると、正季が「七生まで人間界に生まれて、朝敵を滅したい」と語った有名な言葉があります。この文言はのちに、正成の「七生報国」（七度生まれ変わって国に報じる）という国家に殉じる覚悟の言葉にすり替えられて、太平洋戦争時に日本人の若者が数多く戦場に散っていく餞贐《はなむけ》となりました。

足利尊氏は光明天皇（北朝二代目）を新たな天皇に擁立して、建武の年号を再利用して、不満を抱える武士団を糾合しながら室町幕府を樹立して、当面の政道を推し進めるための「建武の式目」を制定しています。一方、京都を抜け出した後醍醐天皇は、吉野（奈良県）を根城にして吉野朝（南朝）を開きました。

かくして、京都には光明天皇の北朝があり、吉野は後醍醐天皇による南朝が存在するという案配で、二人の天皇が同時に皇位に就くという異常事態が発生しました。この世相を「南北朝時代」と呼んだのは後世の歴史観ですが、中国の魏・呉・蜀の三国が争ったあとの三世紀末に始まる魏晋南北朝時代に準《なぞら》えて名付けたと言われます。

わが国の南北朝時代は、後醍醐帝による南朝と足利尊氏を軸とする北朝との攻防のほか、足利尊氏が弟の直義と対立して、三者が複雑に絡み合う三つ巴の抗争を展開しています。

陸奥国府の多賀城を根城とする南朝側の北畠顕家は、やがて本拠地を維持できなくなり、国府を霊山城（福島県伊達市・相馬市）に移しています。後醍醐天皇から京都奪還の綸旨が届けられ、ややあって十万の大軍を率いて南下して利根川の戦いで勝利した時、北朝方に与していた下野宇都宮の九代目である公綱が顕家軍に加わっています。

北畠顕家は後醍醐帝を諫めて、減税の実施や国家財政を引き締める内容の奏状を送ったあと、足利尊氏の腹心である高師直《こうのもろなお》軍と石津の戦いで一戦を交えて、二十一歳の若さで敗死しました。後醍醐天皇にとって、南朝の支柱とも言える顕家の死も大きな痛手となりました。

後醍醐帝は一時的に尊氏と和睦するかたわら、一方で恒良《つねよし》親王を新田義貞に委ねて北陸に向かわせます。義貞は越前の金ヶ崎城（福井県）に立て籠ったものの、斯波尚経の軍から猛攻を受けて恒良親王が捕らえられます。義貞はなんとか脱出を果たしたものの、直後に藤島城の尚経を無理攻めして戦死しました。北朝の光明天皇は義貞の死の報を聞くとすぐ、尊氏を征夷大将軍に任じています。

北畠顕家と新田義貞の両輪を失った後醍醐帝は、もはや身動きができなくなり、吉野に籠って南朝をなんとか存続させながら、皇子たちを地方に派遣するなどして、勢力挽回の方策を試みます。後醍醐帝は北畠顕家の後継に弟の顕信を鎮守府将軍に任命して、義良親王と宗良親王を補佐させて、陸奥での再起を図り伊勢大湊から大船団を送り出しました。しかし、嵐に見舞われて船が岸へ打ち上げられ、兵たちの多くは北朝方にやすやすと討ち取られました。北畠顕信は逃げ延びていますが、その後の消息は不明です。

懐良親王が九州に派遣されて

建武の新政が崩壊後、後醍醐天皇は味方の勢力を築くために、自分の皇子たちを各地に派遣しています。懐良《かねよし》親王（私は「かねなが」と読むと教わりましたが、最近は「かねよし」と読むようです）はわずか八歳で征西大将軍に任命され、中級貴族の五条頼元を筆頭とする下級貴族十二人を供に従えて、吉野を出立して九州に旅立ちました。

わが国には律令制度を定めた七〇一年（大宝元）から一八六八年（明治元）まで貴族と呼ばれる階級がありました。ちなみに、一八六九年（明治二）から太平洋戦争後の一九四七年（昭和二二）までは、旧来の貴族とは異なる華族制度です。

貴族の最上位は五摂家で、近衛家・一条家・九条家・鷹司家・二条家です。藤原北家を主流として、摂政・関白を務める公家の家格の頂点に立つ摂関家を指します。ついで三条家・西園寺家・徳大寺家・久我家・花山院家・大炊御門家・菊亭家・広幡家・醍醐家という九家を清華家と言い、この家柄までが大臣に昇れました。

清華家の下位に位置する羽林家までが堂上《どうじょう》家と呼ばれて、昇殿を許される家格ですが、五条頼元はこの階級でした。羽林家の人までは昇殿、すなわち御堂に上がれる階級の貴族だから、またの呼び名を「殿上人」と言います。ちなみに、平清盛の父である平忠盛は殿上人になりましたが、祖父の正盛は地下人《じげにん》だから昇殿を許されていません。

五条頼元は羽林家だから、殿上人であっても、藤原家の出身ではないし、清原氏からの庶流の文人官僚にすぎず、学問を旨とする家柄の出身者です。なお、平安時代前期が終わる頃、菅原道真が学識に優れた才を発揮して、宇多天皇に重用されて異例の出世を遂げると、貴族たちに疎まれて太宰府に左遷され、衣食住もままならない死罪に等しい扱いを受けています。道真の家格は、学問を専業とする世襲の実務集団だから、羽林家に相当すると思います。

貴族制度はさておき、征西大将軍として九州に向かうように指図された懐良親王は、五条頼元に補佐されながら、伊予国の忽那《くつな》島（愛媛県松山市恵那諸島）に渡り、彼地の宇都宮貞泰や海賊衆の忽那水軍の援助を受けながら、何年間か滞在しています。そして、一三四一年に忽那

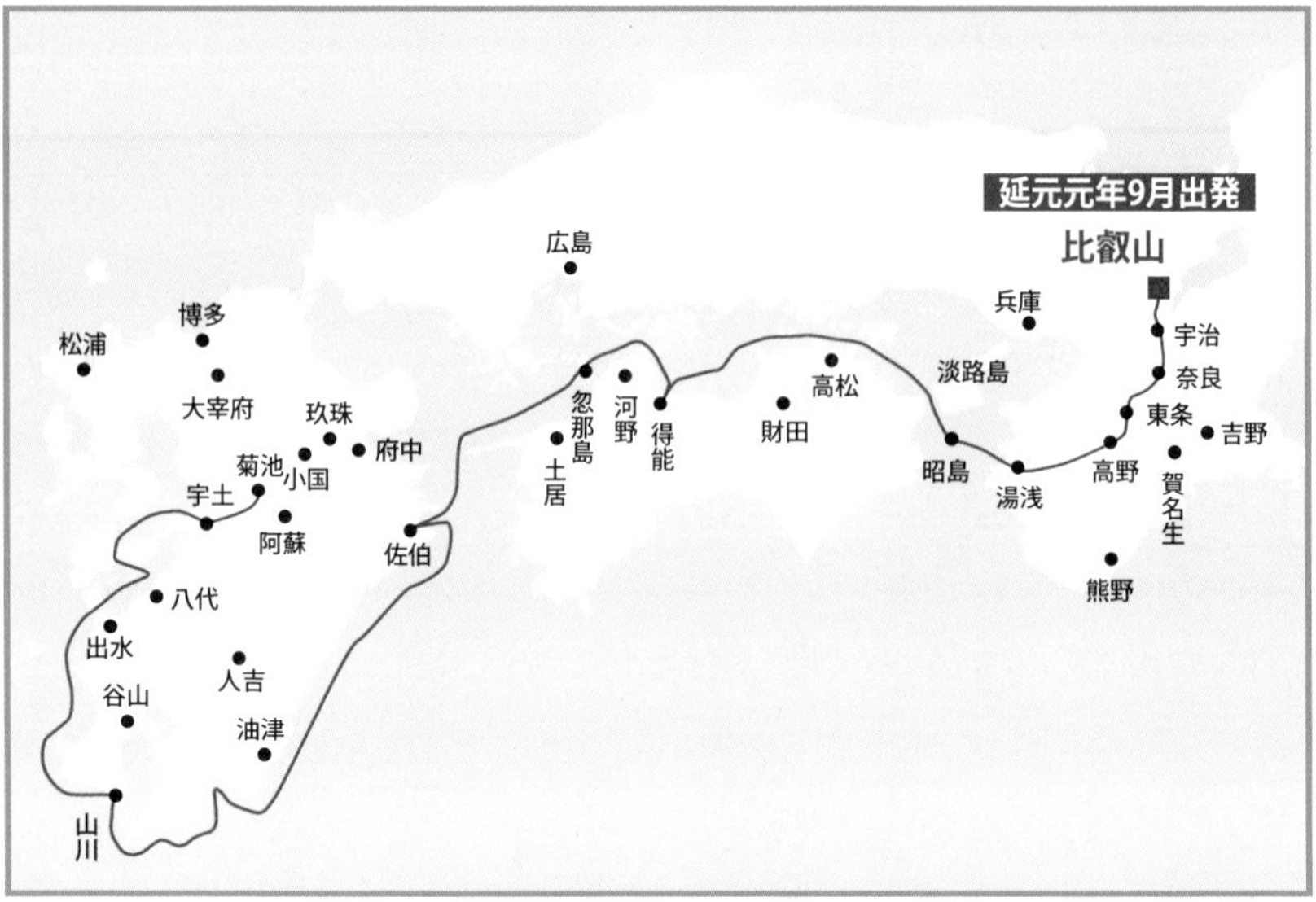

懐良親王西下の路筋

水軍の協力を得て薩摩に上陸し、島津氏と対峙しながら、肥後に蟠踞する菊池武光らの支援を得て、一三四八年に征西府を開いて九州攻略を始めて、足利幕府から鎮西総大将として博多に派遣された一色範氏や仁木義長との攻防を繰り返しています。

この時期、五条頼元に従ってきた下級貴族の子孫のうち、豊前宇都宮（城井宇都宮）の臣下として城井に住み着いた者がいますが、懐良親王に付き従う下級貴族であろうと見なせます。

同じ時期、倭寇と呼ばれる海賊が東アジアの海域で勢力を振るい、中国の明は倭寇に手を焼いていました。明の国王が使節を介して、懐良親王に「貴殿に日本国王の詔勅を差し上げるので、倭寇を取り締まるように」との勅書を送ってきたので、明国から日本国王に認められた懐良親王は「良懐」と名乗っています。

のちに室町幕府三代目の足利義満が明との交易を進めようとした際、日本国王としての良懐つまり懐良親王の名があったために、義満は北朝方の臣下にすぎないと解釈されています。義満は当初、良懐の名義を詐称して、交易するケースがあったとする考証があります。

足利幕府の二代目である足利義詮《よしあきら》の時代には、まだ九州の制圧が進んでいませんでした。幼くして三代目の将軍に就いた足利義満を補佐する管領の細川頼之は、事態の推移をただじっと傍観するだけでなく、今川了俊という優れた官僚を九州探題に任命しています。

今川了俊は慎重に作戦を進めて、幕府が九州での勢力回復を図ると、風向きがしだいに変わり、懐良親王は征西府を追われて、九州一円は室町幕府の支配下に置かれました。南朝側は劣勢に立たされて、懐良親王は征西将軍の職を後村上天皇の皇子である良成親王に譲ったあと、筑後矢部で寂しく薨去されたと伝えられます。

生き残りをかけた城井宇都宮

鎌倉時代の初期に関東の宇都宮から豊前の城井に移入した豊前宇都宮家は、家督が代々子孫に引き継がれ、南北朝時代には建武の騒乱に巻き込まれながらも生き残りました。

南北朝時代の九州では、それぞれの一族が南朝方と北朝方とに分かれて争いました。北朝方には一色・少弐・大友・島津・大内らが味方し、南朝方には菊池一族が従っていました。菊池氏の動向に感心させられるのは、有利・不利を問わず、どんなに苦境に陥った場面でも、一貫して南朝方に忠誠を誓い、まさしく九州の楠木正成とも言える姿勢を貫き通し、変節しなかった点では見事な態度だったと評価できるでしょう。菊池一族はまさしく、肥後モッコスと言われるとおりの頑固さを貫いています。

九州統一という大舞台を目指す懐良親王のために、菊池は北朝方の数多くの武将を打ち破って、征西将軍の宮を押し立てる活躍をしています。菊池は鞠智《くくち》城と関係する一族と見なされ、九州で起きた大きな戦乱時には必ずと言えるほど菊池の名が出てきますが、戦国末期に大友氏によって滅ぼされました。歴史を記録する者は、経緯をわかりやすくするために、物語性を持たせて整理に当たりますが、『太平記』の作者は「義vs不義」を対置関係で捉える勧善懲悪型の構成にして、菊池氏を一貫して南朝側に運命を託す歴史観で描いています。

南北朝初期の宇都宮家について言うと、当初は南朝に力を貸していましたが、北朝が優勢になると北朝側に従う場面がありました。歴史は無数の偶発的事件の積み重ねと言えますが、事件ごとに内在される要因が変化するので、当事者は選択に迷うほうが普通でしょう。

菊池家を除けば、南北朝時代のほとんどの武将は、ある時は南朝に、またある時は北朝にと、寄らば大樹の陰とばかりに、生き残るために優利な勢力のあと押しをして、優勢が転じて劣勢になると、勝ちそうな側に与するという日和見主義者でしたが、明日をもしれぬ戦乱の世であれば、恥ずべき態度と言えないようです。家系を存続させるには、むしろ戦況を正しく判断して〝しぶとく〟生き抜く状況主義者にならざるを得なかったと言えるでしょう。

一色・小弐は滅亡しましたが、南朝と北朝の間を状況に応じて彷徨《さまよ》いながら、九州在来の大友と島津は戦国期まで生き残りました。菊池一族が首尾一貫して南朝方であったのは、非常に珍しい事象と言えるでしょう。

城井宇都宮家もやはり、南朝方に加わったり、別の時は北朝方を助けるという案配で、南朝と北朝の間を右往左往する有様でした。五条頼元はさておき、その他の子孫の身元もはっきりしているようで、坊門とか中院とかという家があったと思いますが、その人たちの下級貴族の子孫が城井宇都宮に身を寄せたのであろうと思います。

貴族は武将たちにとって、いうなれば貯金のような存在で、北朝から南朝に移る必要に迫られると、保護していた南朝の遺臣を交渉の使者として派遣して、南朝方に鞍替えするといったしだいで、まるで貴族をお使い物のように扱う場面がありました。戦国の世を切り抜けるために貴族を使者として利用する手口は、城井宇都宮家だけではありません。

宇都宮信房(泉涌寺蔵)

江戸時代まで続いた五条頼元の家系には、歴史関係の文献が残っていて、子孫が加藤清正をはじめ、筑後の立花家とか、黒田家に仕えていたと証明できています。残念ながら、黒田家に滅ぼされた城井宇都宮家には、歴史を物語る文献はほとんど何も残っていません。

南北朝時代以降、戦国時代を生き抜いて城井地方一帯を実質的に治めていた城井宇都宮家の最後の城主は、第十八代の宇都宮鎮房《しげふさ》です。城井宇都宮家は頼朝の時代から豊臣秀吉による九州征伐の時代まで生き延びたけれど、秀吉は肥後国の検地に赴く黒田官兵衛に同行させた朝房《ともふさ》（第十九代）を加藤清正に命じて討たせています。主君の命令とは言え、清正は罪のない若者を謀殺したあと、朝房の怨念に祟られないようにと、その霊を慰めるために宇都宮神社を建立しています。

八津田村にあった無量院・長泉院・宝積寺・法然寺などといった宇都宮領内の寺院は、いくつか途絶えた寺もありますが、大部分が存続されて現存しています。

私の祖父の吉水卓英（旧姓は田中七之助）が生前に檀徒の誰かに語った話として、田中家は征西将軍の宮に随行してきた吉野の下級貴族の末裔かもしれないとの言い伝えがあります。南北朝時代には、城井宇都宮氏に身を寄せていたとのことです。話を聞いた人が歴史のことを何も知らず、懐良親王が征西大将軍であったなどについての知識が皆無だったため、南北朝時代に吉野から来た者の子孫かもしれないと語っただけとのことです。詳細は不明のままで、今となっては確実な内容は何ひとつ判明しません。

いずれにしろ、田中家はなぜだか養子また養子を重ねて、先祖と繋がる糸が途切れていますが、城井宇都宮領のもとで農民に転身したのではないかと推測されます。

鎌倉時代から南北朝の終わりまでの京築地方にあっては、無量院と長泉院はともに、城井宇都宮家の勢力圏にいたおかげで庇護され、戦国時代から江戸期を通して近世の明治時代を迎えるまで、なんとか維持されてきましたが、私の兄の成二の時代に両院は一つの寺に合体されました。

第五章

戦国の世を潜り抜けた無量院

城井宇都宮一族の滅亡

土地の所有権が武家にも認められるようになった鎌倉時代の初期、平家が滅んで主人が不在になった西国の平家没官領《もっかんりょう》が主として関東武士に配分された時、宇都宮信房が得た所領は仲津郡城井郷の板井氏の所領で、城井《きい》宇都宮と名乗って地頭職に就いています。

城井宇都宮は鎌倉期から南北朝時代を経て、室町時代を生き延びたものの、豊臣時代に黒田孝高（通称は官兵衛）と長政の親子によって滅ぼされました。

豊臣秀吉による九州征伐が始まる以前、豊前の城井宇都宮は鎌倉・南北朝・室町・戦国の世を切り抜け、長らく自立していました。豊臣秀吉が島津を討伐する目的で九州へ乗り込んだ時、城井宇都宮の宇都宮鎮房《しげふさ》は秀吉側に加担して、子息の朝房《ともふさ》を島津征伐に従軍させたものの、自分は病と称して秀吉への謁見に及びませんでした。

秀吉は九州平定後、諸家に対して所領配分を行なっていますが、鎮房には局地の配分がないどころか、城井宇都宮の領地である豊前八郡のうち、六郡を黒田孝高に、二郡は毛利勝信に与えています。領地をすべて取り上げられた鎮房を毛利勝信が気遣って、田川郡赤の郷（赤村）の三村を返してくれたので、鎮房はとりあえず城井を出て赤の郷に移りました。

城井宇都宮は豊前国から四国の伊予国への領地替えの命令に従わなかったため、豊臣秀吉に滅ぼされたと言われていますが、真の理由は豊前国で長年にわたって地盤を築いてきた豊前八郡の地頭にして、守護職に就いた実績もあり、鎌倉時代からずっと豊前第一の豪族であったと自負する名門意識があったからと思えます。かてて加えて、成り上がり者の豊臣秀吉の指図には無条件に従えないという潜在的な気分があったのかもしれません。あるいは、豊前に腰を据えて長年にわたって無事に生き抜いてきた自信が足枷《あしかせ》となってか、世の中が移り変わる大勢を見抜けなかったのかもしれません。

豊臣側の思惑としては、豊前に長く蟠踞したままの城井宇都宮に隠然たる勢力を維持し続けられると、世替わりが必要な社会での統治が難しくなりかねないと判断してか、領地替えをして別の土地に移せば扱いやすいと考えたのかもしれません。ともあれ、国替えのシステムは、戦国の群雄割拠から統一に向かっての勢力拡大の手段になっていました。

領地替えを申し渡された城井宇都宮氏としては、同程度の領地を貰えるにしても、住み慣れた地を離れて見知らぬ他所の土地に移れば、先行きが霞んでしか見えない状況に不安を覚えたのかもしれず、豊臣政権に従わなくても大丈夫だろうと高をくくっていたのか、今となっては本当の事情はわかりません。

鎮房が伊予行きの命令に従わなかったかどうかはさておき、城井宇都宮の領土を賦与された黒田官兵衛・長政父子には、自分の領土に宇都宮一族の勢力が潜在したまま残れば、治安上の難儀を予測したのかもしれません。鎮房が豊前を離れたくない理由は、裏を返せば、黒田にとって離したい理由になったでしょう。

白壁を血しぶきで真っ赤に染める

赤の郷に移った宇都宮鎮房・朝房の親子は、所領が返還されるかもしれないからしばらく辛抱しろと毛利勝信に説得されましたが、待てど暮らせど何の音沙汰もなく、痺《しび》れを切らした朝房は領地の奪還を決意して、鎮房はわが子の決断に従いました。

黒田官兵衛は築城郡寒田の法然寺を借りの住まいとし、長政は京都郡馬ヶ岳の城に居住していました。肥後で一揆が起こったために、官兵衛が鎮圧のために筑後の久留米に出陣している隙を狙って、鎮房・朝房の親子は黒田の城代の大村助左衛門を城井の城から追い払うと、黒田の反撃に備えて籠城を決め込みました。

血気に逸る長政は、口うるさい父の官兵衛が留守していたので、鬼の居ぬ間とばかりに、毛利軍の助太刀を得て、いささか短慮に宇都宮一族をいっきに討ち滅ぼそうとして、宇都宮鎮房らが居座る城井城を攻めましたが、あまりに粗雑な攻撃であったため、朝房の軍が木陰や岩陰から竹の鏃《やじり》を雨のごとく降らせて長政軍を蹴散らしました。長政は散々に敗北して、這《ほ》う這《ほ》うの体で命からがら逃げました。

長政の逃走時に城井一族の進撃をくい止めて、黒田長政を助けたのは黒田家一の凄腕の武将として名高い後藤又兵衛でした。父の黒田官兵衛は後藤又兵衛の力量を評価して特別に取り立て、

後藤又兵衛（福岡市博物館蔵）

長政と同等に扱うほど大切に接していましたが、又兵衛に助けられた長政は、なにゆえ素直に喜べなかったのか、父親の官兵衛が亡くなって黒田家を継ぐと、すぐに又兵衛を黒田家から追放しています。

勇猛果敢な武将として知られる後藤又兵衛を召し抱えたいと思う藩は少なからず、引く手あまたの状況でしたが、長政は他の大名家に「後藤又兵衛を召し抱えれば、我らと敵対することになる」との奉公構《ほうこうがまえ》を出したため、又兵衛は長らく牢人として過ごしています。「武士は二君にまみえず」という暗黙の社会的なルールがあって、旧主が許可しないかぎり、次の大名への仕官は叶わなかったのです。

又兵衛は甘木方面から仲哀峠を越えて、しばらく行橋市踏尾の豪商である守田家で世話になっています。後藤又兵衛は娘を守田家の子息に嫁がせているので、両家には深い繋がりができていました。その後、又兵衛は蓑島から瀬戸内海を経て、畿内に入って浪人の身になっています。徳川家康と豊臣秀頼が対峙した大坂の冬の陣、そして夏の陣に際して、後藤又兵衛は豊臣方に味方して大阪城に入り、夏の陣で勇猛果敢に戦って潔く散りました。

京築には後藤又兵衛の人間性を好ましく思って慕い、黒田長政を好きになれずにいる人がい

合元寺の赤壁
宇都宮の家臣の返り血を浴びた壁は、何度塗り替えても血痕が浮き出てしまうため、赤塗りにしたという伝説が残っている。

ます。黒田家は博多に移ったので、福岡の人は長政を悪くは考えないでしょうが、京築の住人は後藤又兵衛を敬愛してやまず、いまなお名を惜しむ気風を残しています。

長政は父から「武将が敵に勝つ法は三つあり。一に曰く勇気をもって制す。二に曰く和親をもって欺く。三に曰く金玉をもってこれを驕らず。今たとい戦いに利あらずとも鎮房と結び、これを滅ぼさんこと三年をいでず」と諭されています。

老練な官兵衛は、宇都宮一族をいたずらに刺激してはまずいと考えてか、ひとまず共存の道を選択しました。鎮房の娘の千代姫を長政に嫁がせて、城井宇都宮家と黒田家は手打ちをして、両家の往来はしばらく繁くなりました。

長政が鎮房を中津城に招待した折、朝房は肥後に出陣していました。九州征伐の功があって、肥後国を与えられた佐々成政が一揆の鎮圧に失敗して、秀吉から許されなかったため、朝房はその後始末に駆り出されていたのです。

鎮房は酒豪でしたが、したたかに酔わされてから襲われ、次の間に控えていた十六歳の松田小吉があっぱれ数十人を斬ったものの、鎮房ともども謀殺されました。城から遠からぬ寺町の合元寺に鎮房の家臣たちが控えていましたが、不意打ちをくらって斬り殺され、寺の白壁が宇都宮の家臣団の血しぶきで真っ赤に染まりました。

塗り替えても、塗り替えても、血痕は絶えず、やむなく赤壁に塗り替えられたという有名な「合元寺の赤壁」の逸話が今日に伝承されています。

なお、長政の妻にした千代姫は、山口の親戚に送りつけよと官兵衛が指図していましたが、長政は鎮房の父の八十六歳の長房をはじめ、千代姫および鎮房夫人らとともに、広津川原で磔に処しています。福沢諭吉が「城井宇都宮は善政を施して、民衆に親しまれていたのに、黒田

城井宇都宮家の菩提寺である月光山天徳寺

月光山天徳寺にある城井宇都宮家の墓（写真は17 ～ 19代の墓）

父子の詭計《きけい》によって滅亡させられて、民衆は黒田父子を恨んでいる」と語っていたという話が明治時代に入っても語り継がれていたそうです。

秀吉の許しを得たうえでの謀殺かもしれませんが、宇都宮一族は長政の騙し討ちによって抹殺され、ことごとく滅びてしまいました。その時、築上郡のT家も滅ぼされました。T家はそれを契機に僧籍に入り、現在のT寺に継承されると言われます。同じ頃、京都郡の田中家も滅びて、百姓の身になったのではないかと想定されます。

なお、宇都宮朝房には宇都宮弥三郎未房という子がいて、処士つまり民間人として松平虎之助忠昌の家人に賜ったという文書が残っています。京築地方はその後、細川藩に代わり、ついで小笠原氏の代になって幕末まで続いています。

時代の変遷を潜り抜けた無量院・長泉院

八津田村の無量院は、南北朝時代から室町時代そして戦国時代を経て、江戸時代から明治時代に至るまで、西山浄土宗の寺として細々とながらも存続してきました。

無量院と長泉院の両寺はともに、二町歩から三町歩くらいのわずかな寺領を持っていたおかげで、城井宇都宮氏が滅びたあとも、黒田家・細川家・小笠原家の時代をなんとか生き抜けました。檀家はごく少数に限られていましたが、小作人に寺領を耕やしてもらって、寺の賄いを維持してきたと考えられます。

城井宇都宮が滅んだあとの無量院と長泉院の消息は、残念ながら地方の歴史書にも過去帳にも詳細な記載が見当たりません。おそらく中断の時代があって、江戸時代のどこかで復興と言うか、中興のための何かがなされたと推察されます。

過去帳を調べた結果、江戸期以降の記録しか残っていないことが判明しました。住所を書き加えた形跡がほんの一部にあるだけで、書き換えをした様子は窺えません。古い経緯を知り得る過去帳は、焼失したのか破棄されたのか現存していません。

無量院や長泉院での僧職は、当代の住職が死亡すると、京都の本山から新たな僧が派遣される末寺でした。明治時代までの浄土宗では、妻帯しなかったので、住職が亡くなると、別の僧がやってきて寺の運営が継承されました。両寺の僧侶の墓地には、十人から二十人くらいの僧侶用の円塔墓が現存しています。

【墓の配置】

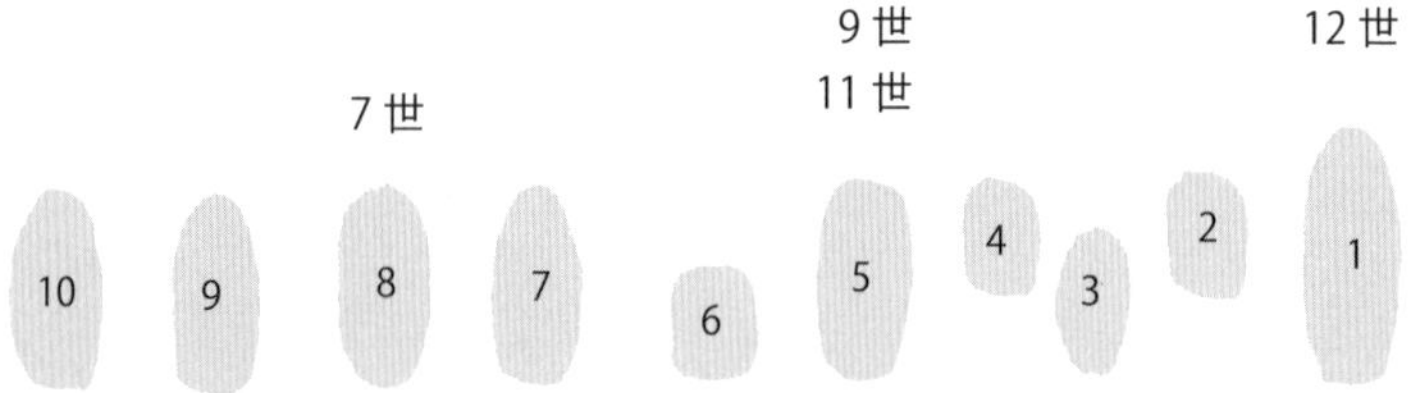

1の墓　12世　超空卓英上人　75才亡
2の墓　大乗妙典一石一字之塔
3の墓　文字が読めない
4の墓　(　　?　　) 大徳 →僧侶の墓と思われる
5の墓　9世　法空瑞忍上人
　　　　11世　中興の祖 白空瑞諦上人
6の墓　静枝・瑞義・卓禮 (3名は卓英の子どもであり、瑞義と卓禮は双子)
7の墓　中興性空慶成西堂
　　　　(右側) 光空俊成西堂
　　　　(左側) 逸空俊英西堂
　　　　(中央) 施主檀家 聡住哲空
8の墓　7世　哲空祖賢上人　天保14年
9の墓　(中央) 照空 (　?　) 西堂
　　　　(右側) 法蔵院 (　?　)
　　　　(左側) (　　　?　　　)
10の墓　寂空 (　?　) 西堂

旧長泉院の墓碑群

旧無量院の墓碑群

旧長泉院の墓碑群

【墓の配置】

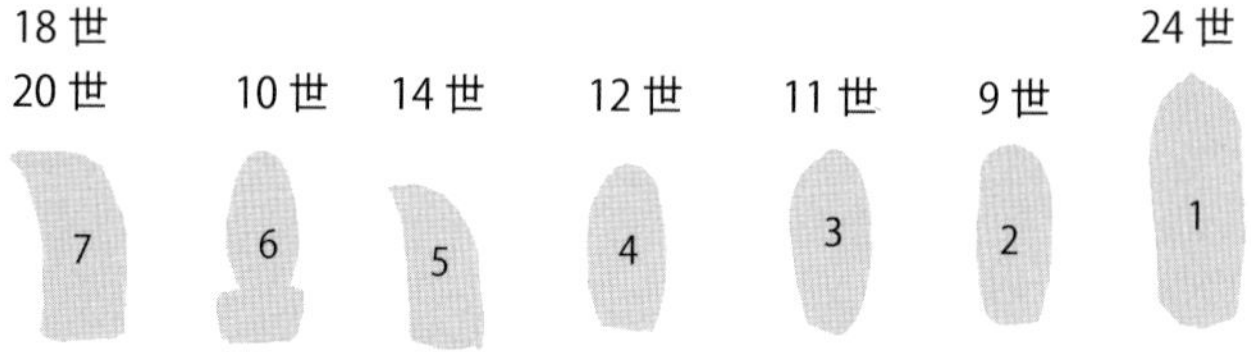

1世~8世　見当たらない
2の墓　9世　源柳上人
6の墓　10世　(?) 空祖典西堂上人
3の墓　11世　文字が読めない
4の墓　12世　桐空上人
13世　見当たらない
5の墓　14世　智空祖積道西堂
15世~17世　見当たらない
7の墓　18世　賢英上人
19世　見当たらない
7の墓　20世　瑞賢上人
21世~23世　見当たらない
1の墓　24世　完空卓成上人

【備考】

※　10世の台になっている墓は他人のものではないか?

※　18世と20世は一つの墓石に名前が書かれている。

※　14世と18世・20世の墓は形が違う(卵形ではない)。

※　過去帳にある僧侶の墓が見当たらないのは、この寺では亡くなってないのであろう。

○　僧侶の墓の名は?
無縫塔(卵塔とも言われる)
〈その1〉基礎・請花・塔身

〈その2〉基礎・竿・請花・塔身

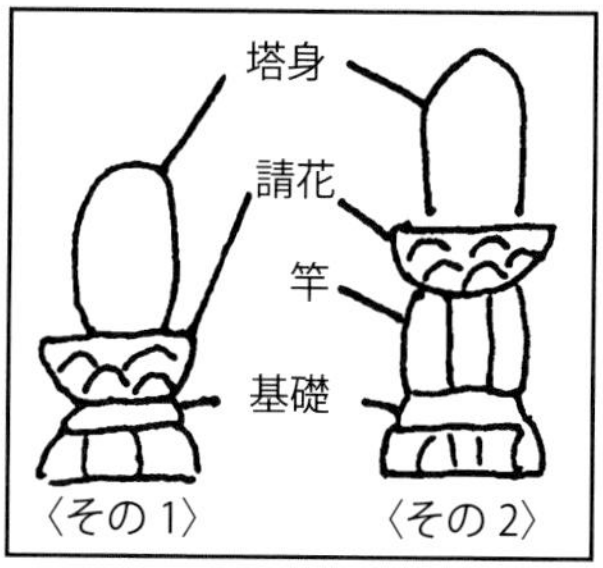

○　お墓は五輪の塔になっており、仏教では「パゴダ」という。

○　卒塔婆の板も五輪になっている。
「五輪塔」が簡略化され、「卒塔婆」へ
・五輪とは、宇宙は五大元素(空・風・火・水・土)で構成されているとの考え。
・「卒塔婆」はインドのサンスクリット語の「ストゥーバ」からきており、その読み方に漢字を当てたものである。
・陰陽五行の五行(木火土金水)「タルチョ」

旧無量院の墓碑群

墓石は石造りだから、読みにくい字が残っていますが、一部は移転されたり、組み変えられています。僧侶の墓石は五輪塔ですが、土台になる墓石のどれかが欠損していたり、別の石に入れ替わったり、四輪になったりなどと、創建時とはまるで違う様子を呈しています。古い墓ほど変化が多く見られますが、最近の墓石は作られたままの形です。

戦いの激しい地域では、墓石を城の城壁や堀の石垣に利用する場面が多々あったと聞き及びますが、京築地方では築城に寺の墓石を使う例がなかったのか、多少の変化はあるものの、両寺院の円塔墓は数百年間も存続されています。

宗門改による壇徒制度と廃仏毀釈

城井宇都宮家は黒田官兵衛・長政の親子に滅ぼされましたが、無量院と長泉院は細々と続いてきました。黒田時代以後は豊前一国の国主として細川忠興が中津城に入り、小倉城を築いて小倉を根城としていきます。細川家が肥後に転封されたあと、小笠原家が幕末から明治維新まで京築地方を治めています。

徳川時代になると、細川氏および小笠原氏は幕府の政策に従って、キリシタンの禁制を実施しています。住民にキリスト教徒でないことを確認する宗門改を義務付けて、特定の寺院に所属させる檀家制度を取り入れました。島原の乱以降、住民は宗門改の役を置くなどして、必ずどこかの寺に属して檀家になる義務が強化されました。

細川氏が築城郡（現在は築上郡）で宗門改めを行なったところ、キリシタンが九十四名（男性信者六十五名、女性信者二十九名）いたと『椎田町史』に書かれています。大分県は大友宗麟がキリシタンであったことから、耶蘇《やそ》教の信者が潜在していたのでしょう。

江戸幕府がキリシタンを禁制にすると、小笠原藩はキリシタンからの改宗を促し、仏教への転向を命じています。かくして、それぞれの寺の信者たちは檀家となり、証明するための寺請《てらうけ》証文を作る制度が定められました。日本人であれば、必ずどこかの寺に属して、それぞれ「私は何宗の何々という寺の檀徒です」と証明する制度が導入されたのです。出生・死亡時にはもちろん、旅をする際や婚姻の折でも、寺から証明書を出してもらって役所に届け出る制度が設けられ、寺は戸籍係を務める町役場や村役場のような社会的機能を果たしていました。

テレビの時代劇に出てくる浮浪者を無宿人と呼んでいますが、寺請証文を持たない江戸時代のホームレスです。無宿人は居住地から逃亡した者や、寺請証文を持たずに出奔した人で、また刑場の雑役夫を務める非人も寺請証文を持ち合わせていませんでした。

徳川幕府が深い関係を築いた浄土宗は、多くの寺を建立していきます。文献資料によると、現存する浄土宗の寺の約八割が宗門改めを始めた頃に建立されたとのことで、浄土宗の寺の多くは粗製濫造と言えなくもありません。

無量院の歴史は古く、江戸時代の前から存在していました。一方、長泉院は徳川時代に作られたと言われますが、戦国期以前から存在していたと考証した説もあります。徳川時代は宗門改めや宗門人別帳によって、寺院が地域住民を管理していたので、適切な数の檀家がいて、僧侶は生活していくだけの収入が保障されていました。

ところが、明治維新後に新政府による神道を国教とする政策に依拠して、仏教を排斥しようとする思想が生じました。神仏分離令の布告・通過に促されて、仏堂はもとより、仏像・仏具・経巻などを見境なく破壊する廃仏毀釈が巻き起こったのです。

廃仏毀釈と併行して、寺の代わりに現在の市町村に相当する地方自治体が住民登録や出生届や死亡届を出すようになったため、寺院の社会的地位は著しく低下していきました。

聖徳太子が建立した法隆寺ですら、明治時代には存亡の危機に立たされました。皇室に宝物《ほうもつ》を献納して、御下賜金をいただいたおかげで存続が保証され、時の政府が指の一本も出せなくなったそうです。

わずかばかりの寺領を持っていた無量院と長泉院は、仏教受難の廃仏毀釈の危機をなんとか免れて、明治・大正の苦難の時期をやりくりしながら、昭和の世まで辛うじて寺領を存続させてきました。

連合国軍最高司令官総司令部が入った第一生命館（一九五〇年頃撮影）

ところが、第二次世界大戦後にＧＨＱの指示に基づく農地改革つまり農地解放が実施されたため、神社仏閣は所領を手放す事態に見舞われ、経済的な支持基盤を失くして、経験例のない苦労を強いられました。国家に保護されてきた寺院や神社は、僧侶や神主が自らの力で寺社の維持費を捻出せざるを得なくなりました。

無量院と長泉院で暮らす私たち吉水家にも、やはり窮乏生活を強いる時代が到来したのです。廃仏毀釈は一時的な災難でしたが、農地改革は地主制度を解体して農民をすべて自作農にして、農村を活性化させる政策ゆえに、地主として生活を成り立たせてきた寺社は多大な煽りを受けました。歴史的に有名な寺社であれば、観光スポットとして運営できるでしょうが、観光に適さない一介の寺院の大多数は寄る辺を失って、少しずつ消え去ろうとしています。

ある吉水家の小史

吉水　卓見　家系図（6親等まで）

＊不詳なものについては記入していない

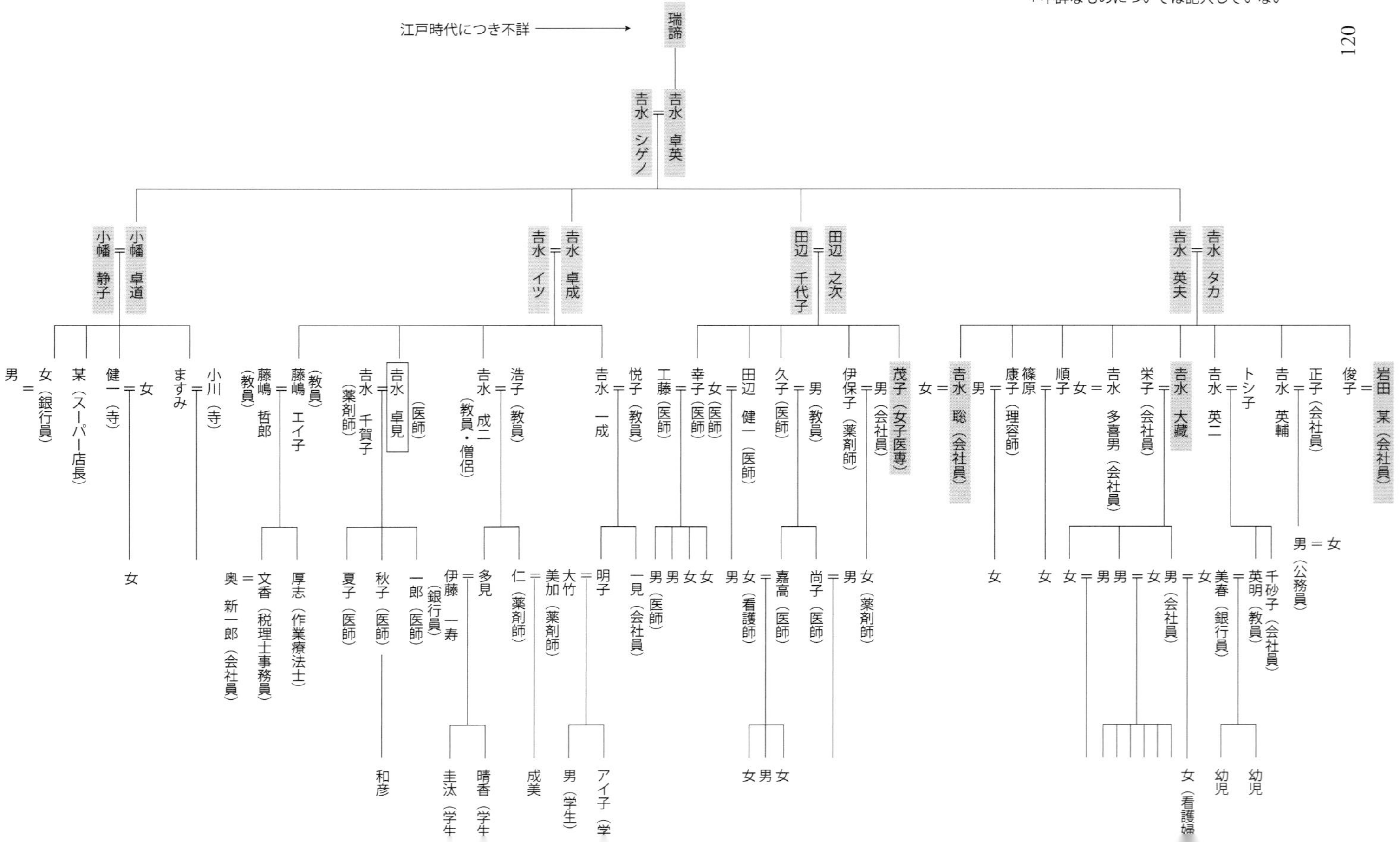

第六章　吉水家のファミリー・ヒストリー

吉水姓のあれやこれや

吉水という姓の「吉」の文字を見ると、士（サムライ）の下に口が付く「吉」と、土（ツチ）の下に口を添える「𠮷」とがあり、漢和辞典ではともに口篇に属しています。二つの文字には意味の違いはなく、吉か𠮷の字を名前に頂く者がそれぞれ勝手に使っているようです。わが家の名字は、少数派の「𠮷」の字を用いています。

「吉水」という言葉は、そもそも神や仏に捧げたり、祈祷に用いる清い水を指し示し、いうなれば「清水」と同じ意味です。仏門に入る人や僧侶の頭上から香水を注いで、仏の道に適う証明の儀式を灌頂《かんちょう》と言いますが、その時に使う神聖な水が吉水です。

吉水という名前が歴史に初めて登場するのは、平安初期の八一五年に嵯峨天皇の命により編纂された『新撰姓氏録《しんせんしょうじろく》』においてです。この文献は古代日本の姓氏をまとめた古代氏族名鑑で、全部で一一八二の氏姓が記載されています。

出自によって、皇別（神武天皇以降に分かれた氏族）・神別（神代の時代に分かれた氏族）・

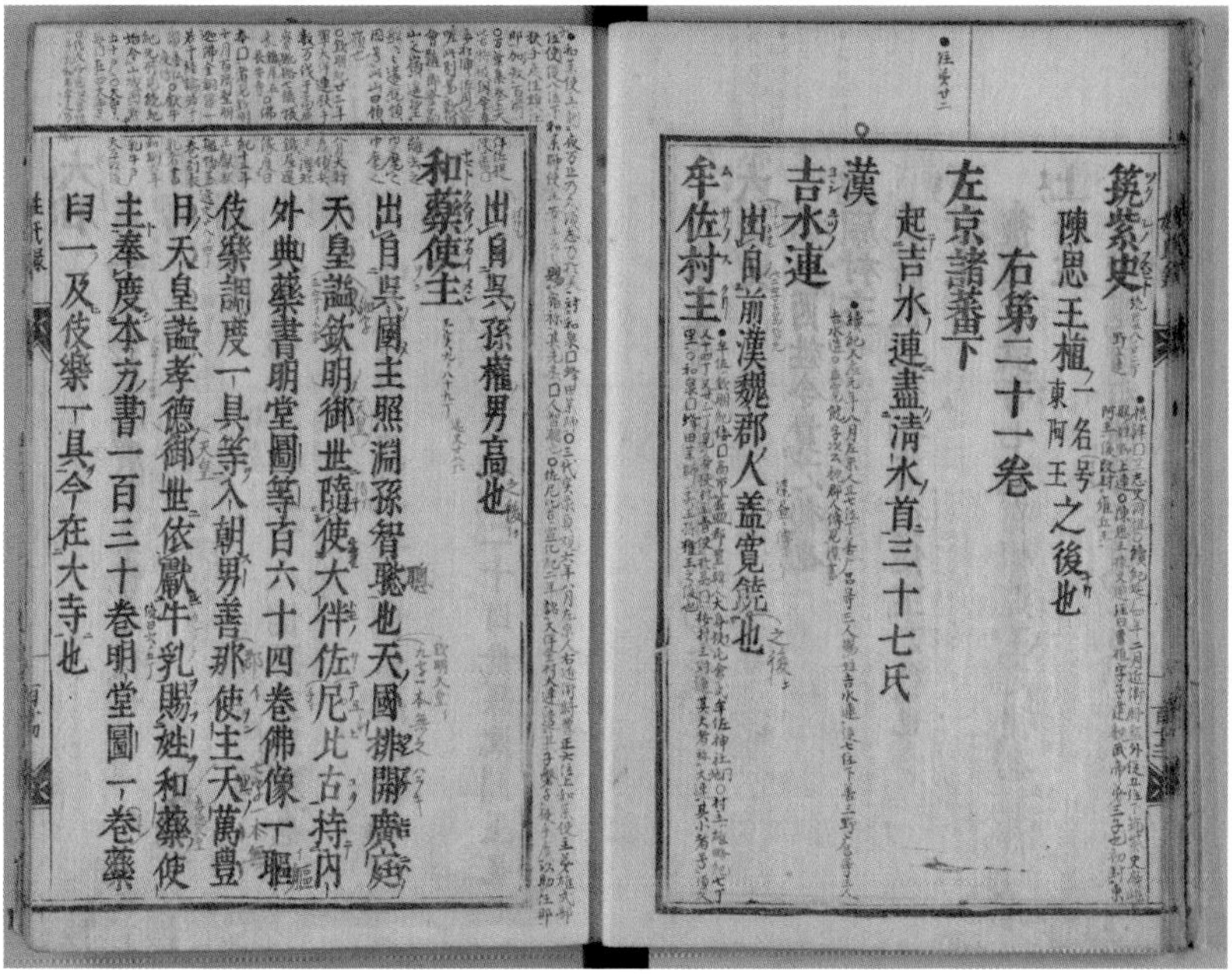

万多親王『新撰姓氏録』[3],刊,刊年不明. 国立国会図書館デジタルコレクション
https://dl.ndl.go.jp/pid/2553146 (参照 2023-12-19)

諸蕃（渡来人系）とに三分類され、神別の姓氏はさらに天神・天孫・地祇に分類しています。

吉水という姓は、諸蕃の中に掲載されていますが、高い階級ではなく、聖徳太子が定めた冠位十二階では、かなり低い階級に属します。

奈良朝から平安初期の吉水は、貴族の名前に出てきます。奈良朝時代の「吉水臣」「吉水連」「吉水宿禰」が朝廷に仕えていて、朝廷から位をもらった方々です。中国の漢（前漢）の国からの渡来人が吉水を名乗っており、そのほとんどが医薬に関係して、朝廷において薬師や医博士を務める医療に関係する氏族でした。私は医師を生業《なりわい》としているので、古《いにしえ》の吉水氏の人たちに親しみを覚えます。

次に吉水の名が歴史に現われるのは、武家政権が始まる鎌倉時代です。鎌倉時代には、現在の京都の円山公園の付近を「吉水の里」と呼んでいたようです。吉水の里から湧き出る水は清らかな水だから、仏や神に捧げて祈祷に用いたようです。浄土宗を開宗した法然上人は、吉水の里に草庵を建てて、念仏の教えを広める活動をしました。法然上人は「吉水上人」とも呼ばれていたので、吉水の名前は広がりました。

三番目に登場するのが吉水院で、南北朝時代に南朝の後醍醐天皇が京都から吉野に潜幸された時、吉水院宗信法印の援護を受けて行宮（仮屋）としたのが吉水院で、音読みで「キッスイイン」と読みます。吉水院宗信法印は金峯山寺の執行で、後醍醐天皇を吉野山に迎えた時、金峯山寺蔵王堂に大衆を集めて、後醍醐帝に味方するべく義の心を説いたところ、衆議一決して若い大衆三百人が甲冑に身を固めて迎えに出たと伝えられます。

正倉院御物などの中には、吉水連《むらじ》・吉水宿禰《すくね》・吉水造《つくり》などの位を持つ人たちが記録されているようですが、もちろん私自身は見たことがありません。この吉水は奈良・京都と細々と続いて、吉水院宗信がその流れの人物ではないかと想定されます。

　後醍醐天皇に従っていた楠木正成・正行の親子は、もしかしたら吉水院に随行したかもしれず、源義経と愛妾の静御前が滞在したとも伝えられています。明治時代の神仏分離令の折、吉《きっ》水院《すいいん》は吉水《よしみず》神社と改められました。ちなみに、私が約二十年前に吉水神社を訪れたときの宮司様は山口県出身の方でした。

　ついで、四度目のお目見えは明治時代です。江戸時代の職能に基づく身分制度の士農工商が廃止されて、市民平等とする時節を迎えて、侍以外の者でも名字の使用が許され、俗に言う平民苗字許容令が一八七〇年（明治３）に発布されて、町人・農民・職人が姓を名乗るようになった時、現在の吉水の大半が始まったと言われます。

　なぜ吉水と名乗ったのかというと、吉水という地名に由来する姓のほか、僧侶たちが用いた姓があるからでしょう。浄土宗の僧侶は、法然上人の別名の吉水上人に因んで、吉水と名乗ったようです。寺で生まれた私の姓の吉水は、おそらく僧侶の名に基づくと思います。明治時代の初期、役所で氏名を登録する際、筆記者が手書きで記入したため、人によって「吉」あるいは「𠮷」と記したと推察されます。

八津田村吉水家の曽祖父母と祖父母

吉水卓成《たかなり》家の三男である私こと卓見、および一成、成二、エイ子の三男一女が誕生した所は無量院（所在地は福岡県築上郡八津田村大字東八田三七六番地）という寺院です。出生地に特別な感情を抱く人は多くいらっしゃいますが、私も例外に漏れず、故郷を離れたからこそなのか、生誕地の八津田村に強い関心が湧いて、それとなくファミリー・ヒストリーの下調べをしている自分に気付かされました。

私が高校を卒業したあと、出郷後に幾度かの町村合併があって、八津田村という地名は現在なくなり、築上町に編入されています。私の生家である紫雲山無量院は、兄の成二が父の卓成から家督を継ぎ、祖父が死んで無住寺となっていた弘誓山長泉院を廃寺にして、一つにまとめて新たに紫雲山長泉院としました。

私の誕生地である無量院に関しては、吉水一族の中でまだ生存中の私と妹のエイ子、そして従兄弟に当たる故・吉水英夫の子息の英二（93歳）を併せた三人の高齢者の記憶があるだけで、

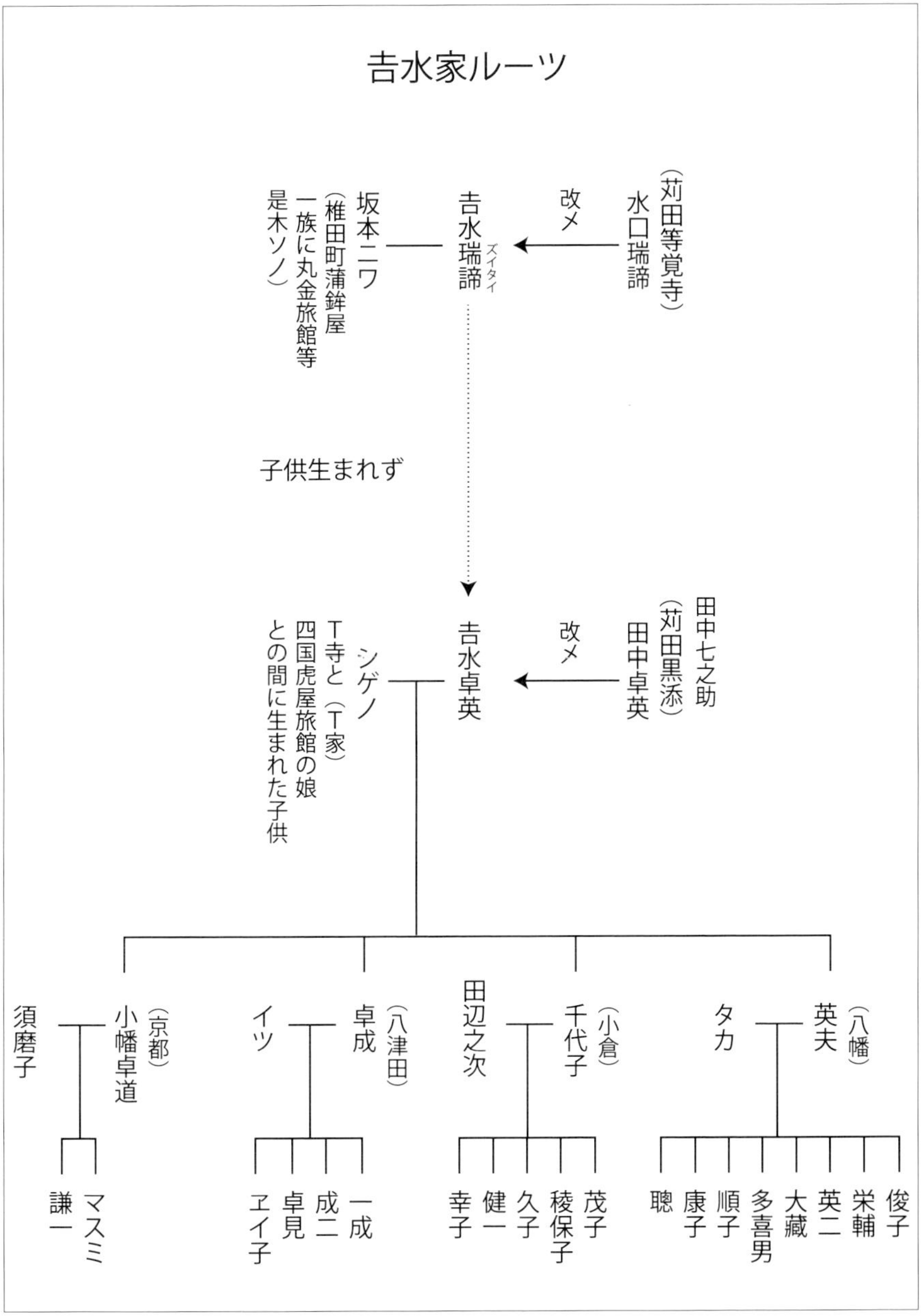
吉水家ルーツ
（苅田等覚寺）
水口瑞諦
改メ
吉水瑞諦《ズイタイ》
坂本ニワ
（椎田町蒲鉾屋
一族に丸金旅館等
是木ソノ）
子供生まれず
田中七之助
（苅田黒添）
田中卓英
改メ
吉水卓英
シゲノ
T寺と（T家）
四国虎屋旅館の娘
との間に生まれた子供
（八幡）
英夫
タカ
俊子
栄輔
英二
大藏
多喜男
順子
康子
聰
（小倉）
千代子
田辺之次
茂子
稜保子
久子
健一
幸子
（八津田）
卓成
イツ
一成
成二
卓見
ヱイ子
（京都）
小幡卓道
須磨子
マスミ
謙一

あとは地元の言い伝えと文献上の伝承が少しばかり残っているだけです。

本書の作成に当たって、とりあえず八幡西区小峰に住む従兄の吉水英二氏の自宅を訪問して、思い出話を伺いました。英二氏は九十歳を超える高齢ながら、曽祖父や私の父の思い出話などをはっきり語ってくれて、新たな証言を得ることができました。

私の曽祖父の水口瑞諦は、江戸時代の人だから、人物についての詳細はわかりません。明治維新後は苅田《かんだ》等覚寺の僧侶でしたが、長泉院では吉水瑞諦《ずいたい》と名乗っていました。私の兄の成二が従姉《いとこ》の田辺久子に渡した資料に基づいて、私たちは「ずいたん」とか「ずいてい」と読んでいましたが、英二宅を訪問した際、正しくは「ずいたい」ではなかろうかと聞かされました。

吉水瑞諦に嫁入りした私の曽祖母は、椎田町で蒲鉾屋を営む家の娘の坂本ニワで、二人は長泉院に住むことになりました。吉水瑞諦の代から長泉院は世襲になりましたが、子供ができなかったので、生後一年目かそこらのシゲノを吉水家の養女に迎えて、戸籍上は瑞諦の長女としています。

長泉院に後継ぎがいないのであれば、養女を貰ったらどうかという話が持ち込まれて、仲介した人との関係は不明ですが、T寺と長泉院との間で合意がなされて、まだ赤子でしかないシゲノが吉水家の養女になりました。

シゲノの本貫は椎田町のT寺ですが、じつを言うと、シゲノはT寺の息子が京都に住んでいた時に知り合った女性との間に生まれた子供であるとの噂がありました。T寺は浄土真宗ですから、親鸞以来の寺院はずっと妻帯で相続されています。

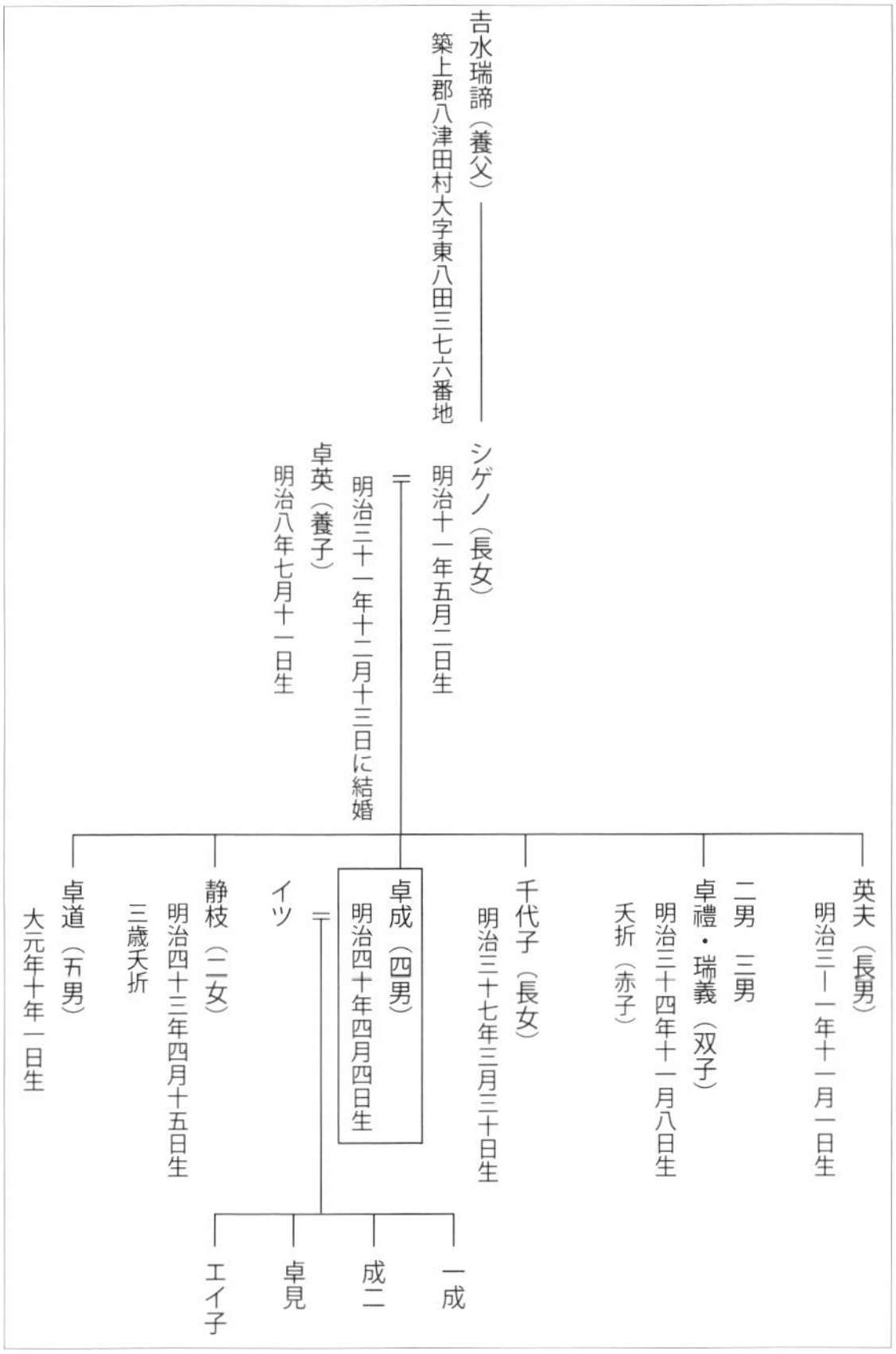

T寺の初代の僧侶は、城井宇都宮家の城持ちの家臣だったそうです。城井宇都宮が黒田長政に滅ぼされたあと、城から少し離れた場所に寺を建てて僧籍に入ったとのことです。

ともあれ、シゲノの生まれには特別な事情があったしだいで、子供のいない吉

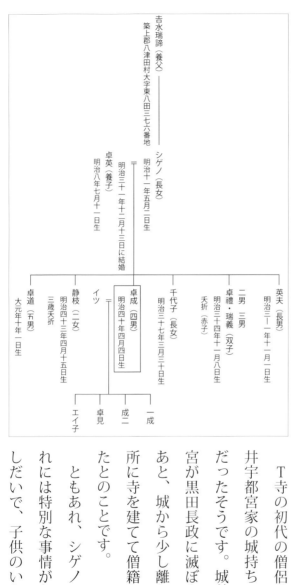

水瑞諦・ニワ夫妻に貰われたわけですが、T寺からたくさんの持参金を持ってきたと聞きました。養女を迎えた長泉院は、ほんの少しだけでしょうが、持参金で寺領を買い増せたそうです。

シゲノは瑞諦・ニワ夫妻に幼少時より格別に可愛がられて甘やかされたため、少しわがままな性格になったのかもしれません。自己中心的な人だったとのことで、大好きな芝居見物に出掛ける時は、人力車を雇って行く贅沢をしたとの逸話を聞きました。

シゲノは私たちの祖母ですが、結婚適齢期を迎えた時、田中七之助こと田中卓英を入籍婚姻（養子縁組）させて、吉水卓英となったのが私の祖父に当たります。長泉院の祖父・祖母は、吉水瑞諦の血筋に繋がる者ではありません。

私の親世代の吉水家の人たち

祖父の卓英は、福岡県京都郡の田中伴七の三男で、もとは田中七之助という名前でした。父の卓成の葬儀の時、田中家から一人の老女が参列していたそうですが、祖父との関係は聞いていません。兄の成二夫妻なら、その老女が誰であるかを知っていたかもしれません。

卓英は僧侶になるために今井の寺に修行に入り、修行者に与えられる「卓」の一字を貰って卓英と名乗り、吉水シゲノに婿入りして、苗字が吉水に変わりました。ちなみに、卓英の父も養子だったとのことで、田中家には複雑な事情があったようです。

「卓」という名前と関係する今井の寺はどこにあるかと成二兄の妻である浩子姉に問うと、近辺の西山浄土宗の本山である法蔵院（行橋市津留）の名を口にしたので、妹のエイ子とその夫の藤嶋氏の案内で法蔵院を尋ねて、住職にいろいろ教えていただきました。

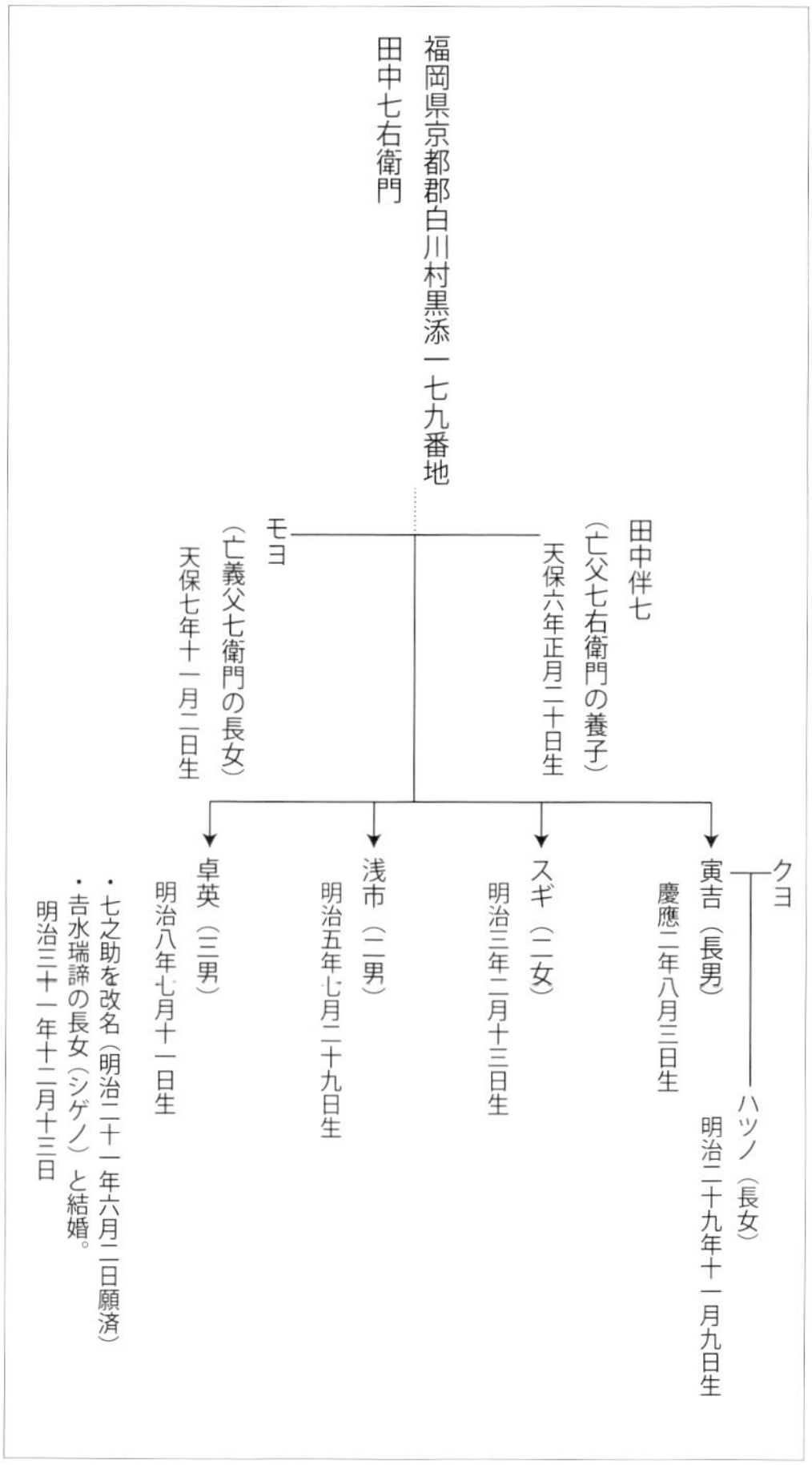

浩子姉に西山浄土宗の寺が近辺にどのくらいの数があるかを尋ねると、法蔵院のほかに、真楽寺（門司区）・西

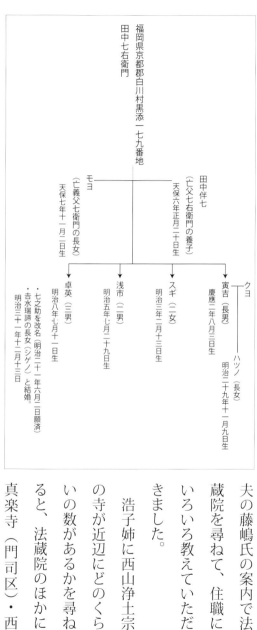

生院（苅田町）・普門寺（行橋市）・吉祥院（豊津）と吉水家の長泉院があると教えてくれました。この六つの寺は、親密な縁を結んでおり、今でも何かあれば行き来しているそうです。

長泉院の現住職を務める成二兄の子息である吉水仁は僧名を卓司と言い、やはり「卓」の字が付いています。法蔵院を訪ねて、住職に「卓」の字の由来を問い正すと、法蔵院で修行した僧侶は、修行の証明として自分の寺に戻ると、住職名に「卓」の字を入れて勤めるのだそうです。従兄《いとこ》の英二も同様の証言をしたので、なんとか「卓」についての由来が確認できました。

「卓」の字は〈人＋早〉から成り、語義は「抜きん出て目立つ人」です。「卓越・卓抜・卓絶」などの単語があり、私の名前の「卓見」は優れた意見という意味です。卓はまた机すなわちテーブルかデスクで、高い台の上でするスポーツを卓球と言います。

吉水卓英・シゲノ夫妻は、七人の子供に恵まれました。もっとも、三人を幼い時に失くしているので、無事に成人して家庭を築けたのは四人だけです。

長男の英夫は八津田村を離れて、北九州市八幡東区大蔵に移り住みました。英夫の妻の加来タカは、賀来一族の末裔だそうです。英二宅を訪問した際、加来家の家系図と長女のゆきさんの手紙を見せてもらいました。

加来家の実家は、椎田町葛城村奈古地区にあって、そこにはかつて長泉院と同寺列の西山浄土宗の金蔵院という寺があったとのことです。タカは一酸化炭素中毒になって、八幡の自宅で十八年間の闘病生活を余儀なくされ、子息の英二とその妻は看病に追われて、大変な人生を過ごしたと聞かされました。

次男の卓禮と三男の瑞義は双子でしたが、生後間もなく二人とも死亡しており、詳細はほとんど何もわかりませんが、旧長泉院に墓石が残っています。

長女の千代子は、四番目の子として生まれました。千代子は田辺之次と結婚して、苗字はもちろん田辺に変わりました。

五番目の四男が私の父の卓成で、吉水の本家を継承しました。卓成は「たかなり」と読ませますが、昔の人名には卓を「たかし」とか「まさる」と読む例が多々ありました。

六番目に次女の静枝が生まれましたが、やはり幼くして亡くなり、旧長泉院の墓に葬られています。

七番目の末っ子が五男の卓道で、京都の寺に養子に入って、小幡卓道となりました。第二次世界大戦の時に兵隊に徴兵されましたが、生きて帰って来ました。小幡卓道の一家は、京都の西山浄土宗の寺院群に属する寺を盛り立てています。

吉水卓英・シゲノの子供たちは、吉水英夫、田辺千代子、吉水卓成、小幡卓道がそれぞれ自分の一家を築き、四家の子孫たちはさまざまな分野で社会に貢献しています。約二十年前に作成した家系図ですが、吉水家の記録として掲げさせていただきました。

卓英・シゲノの子供で出家して僧職に就いたのは、私の父の吉水卓成と末っ子の卓道の二名です。吉水卓英が長泉院を継いでいたため、大正から昭和にかけての頃と思われますが、私の父の吉水卓成が無住寺になっていた無量院に入りました。

長男の吉水英夫と田辺家に嫁いだ千代子は、寺とは無縁の生活をしています。

父の卓成は優等生だったか？

父の卓成は長泉院で生まれたので、本貫は福岡県築上郡です。無量院（現在の長泉院）から歩いて十五分間から二十分間くらいの場所にある八津田小学校に通い、中学校は家から五〜六キロ離れた旧制の豊津中学校を卒業して、東京に出て日本大学に進学しました。

八津田小学校の時代、加来家の長男の晋作という方が八津田小学校に赴任されて、卓成は指導を受けたと聞いています。その後、加来晋作は順調に校長に昇進したそうです。

吉水家の経済的な事情があって、中学校の低学年時代は長い距離を歩いて通学していたようで、三年生か四年生になって、やっと通学用の自転車を買ってもらえたとのことです。

卓成は先生を手伝えるほど学業に優れた子供だったそうで、熊本の第五高等学校に進学する希望でしたが、受験に失敗したため、仕方なく日本大学の夜間部に進学しました。

東京の大学に行くに際して、旅費などは近所の杉尾氏から借金して、東京では東八津田出身の家令家に書生として住み込みさせてもらって、商工省で給仕のアルバイトをしながら、夜間大学に通う苦学生でした。

従兄弟の英二氏から聞いた話によると、父は東京では芝居通いをしてよく遊んでいたそうですが、父の小学校から旧制中学までの優秀な通信簿を見ると信じがたいと思っています。

また、八津田を出て四年を経過した頃、東京からよれよれの服装で帰ってきて、迎えに出向いた檀家の人たちを驚かせたと祖母のシゲノが語ったという話を聞かされました。シゲノは贅沢な人で、特に芝居が好きだったという話を聞いているので、英二氏はシゲノから聞いた話と卓成の行動を混同しているように思います。

母のイツは根っからの教育者

父の卓成に嫁いできた母イツの旧姓は有松で、本貫は福岡県の京都郡です。イツは有松政太郎とユウの次女で、兄弟姉妹には長女のマツエと長男の光雄と三女の千恵子がいます。ちなみに、兄の光雄はのちに高校教師になりました。

江戸時代の有松家は、小倉藩の小笠原家に仕えた下級武士でした。幕府による幕末の第二次長州征伐すなわち四境戦争において、小笠原家は高杉晋作が率いる奇兵隊を中心とする長州藩に敗れて、小倉から豊津に逃れるに際して、藩主に随行した有松は算用方（勘定方）の下級武士でした。その後、農家になったと言われていますが、小作農ではなく自作農でした。

有松政太郎の次女であるイツは明治四十二年の生まれで、小学生の時から学業成績に優れて、常に首席を通していったので、小学校の先生に勧められて、豊津村節丸から遠く離れた行橋市の福岡県立京都《みやこ》女学校に入学しました。大正時代には田舎にも鉄道が通っていたので、イツは節丸から三駅か四駅ほど離れた行橋まで汽車で通学していました。

県立京都女学校でのイツはずっと一番の成績で、卒業時にも首席だったので、奈良女子高等師範学校（現在の奈良女子大学）に推薦で入れることになりましたが、兄の光雄が東京の専門学校に通っていたため、学費の掛かる奈良の女高師には行かせてもらえず、学費を免除される山口師範学校を出て、小学校の教師になりました。ちなみに、奈良の女高師に推薦された生徒は、成績がイツに次いで二番目の医師の娘さんだったそうです。

イツは福岡にある女子師範学校に行く予定でしたが、身長がわずか一～二cm足りないため、光市の室積にある山口女子師範学校に入ることになりました。本来なら女子高等師範学校に入れるほどの成績優秀者が入学してくるとのことで、山口女子師範学校では県外の学生を大歓迎してくれました。身長を測る時、係の先生が「もう少し背伸びをしろ」と言ってくれて、なんとか身体検査にも合格したのだそうです。

当時、学費を払わずに学べる学校は、義務教育である小学校の教師を養成する師範学校および軍人になるための学校だけでした。軍関係の学校には、陸軍士官学校や海軍兵学校などがあって、授業料を払えない男子の成績優秀者の受け皿になっていました。戦争が近づくにつれて、進学者が多くいる有名な旧制中学では、成績が一番とか二番の者はもちろん、十番以内の者は陸軍士官学校か海軍兵学校に入るという社会的風潮がありました。

その他の学業優秀者は、いわゆるナンバースクールの第一高等学校（東京大学）、第三高等学校（京都大学）、第五高等学校（熊本大学）への入学を希望しました。理由は知りませんが、特に一・三・五という奇数の高等学校が有名でした。

小学校教師になったイツの初めての赴任地は、平家が滅びる直前に拠点とした下関市の彦島でした。彦島と本州との間には橋が架かっておらず、下関側に住んで船で通ったそうです。

次の勤務地は福岡県に呼び戻してもらえて、福岡県の小学校に移りました。その後、有松家が檀家になっている寺の住職の仲介があって、吉水卓成と結婚して吉水イツになりました。

結婚して一成・成二・卓見が生まれても、子守を雇って女子教師を続けていました。イツは壺井栄が著作した『二十四の瞳』の主人公である女子《おなご》先生みたいな生徒思いの教育熱心な教師だったそうです。小学校は人間教育が始まるスタート台ですが、女性教師が活躍できる場になっていて、私の母のイツは典型的な教育者であったと思います。

しかし、太平洋戦争が激しくなるにつれて、私たちの面倒を見ていた子守が自分の家庭に帰らざるを得なくなりました。兄弟たちが兵隊に取られて出征したために、実家が人手不足になったのです。私がしばしば病気をするなど、さまざまな理由が重なって、母は教職を退かざるを得なくなり、専業主婦になりました。

戦後の窮乏生活を耐え抜いて

終戦直後は無量院ともども、檀家の人たちも同じく、食べるだけが精一杯の窮乏生活を強いられました。私たち寺の一家は、食べていくのがやっとの状態でした。

戦後の食糧事情は最悪で、終戦の翌年の一九四六年に東京の世田谷で「米よこせ」運動が起こり、二十五万人を超す人々が宮城前広場に集まり、飯米獲得人民大会（食糧メーデー）を起こしています。私はまだ四歳に達しない子供だったので、何もわかりませんでしたが、年内に多数の餓死者が出ると噂されていたという話はあとで知りました。

農地解放政策が終戦の年末に実現して、一九四九年にかけて施行されたため、寺が所有する農地の大部分が小作人に譲渡されたり、べらぼうに安い値段で手放しました。わが家は農地を失って、年貢米が得られなくなり、途方に暮れていたら、檀家の一部の人がせめて生活できるようにと三反か四反の田んぼを返してくれました。

父と母には、農業の経験がまったくありませんでしたが、飢えを凌ぐためには、自らが田畑で働かざるを得なくなり、近所の農家の人たちに優しい目で不器用な様子を笑われながらも、田植えはこうしてするとか、草取りが大切ですよとか、稲の刈り入れはこうしなさいなどと、農作業を一から教わりながら、食料不足の戦後をなんとか生き延びました。

父と母は慣れない農作業に真摯な態度で取り組み、世の中が少し落ち着いてからは、父は村役場に勤めたあと、学校の教員になって給与が得られて、家族がなんとか暮らしていけるようになりました。

祖父が住職を務める長泉院でも、ほぼ似たような事情から農業に勤んだそうです。八幡市や小倉市に住む父の兄である吉水英夫や姉の田辺千代子は、子供たちに食べさせる物が手に入らず、食糧の入手に困り果て、子供たち何人かを実家の寺に帰していたのです。英夫の次男である英二は十歳の頃、長泉院に預けられていました。戦後しばらくは、食べることだけを考える時代でした。

父は一家を養うことで精一杯でしたが、村では米や野菜が手に入ったので、母方の縁者である有松一家の数名がひところ無量院に身を寄せていました。豊津村節丸は田舎だから、食糧が自給できていたのです。勤めに出るには八津田村のすぐ近くに国鉄の築城駅があって、小倉に通うには無量院にいたほうが都合が良かったからでしょう。しかし、世の中が落ち着くにつれて、みんな一様に町に帰って行きました。

私の記憶に最も強い印象を残した人物は、故人になられた従姉の古島ヒモ子です。私が小学一年生か二年生の頃、ヒモ子は小倉の国立病院の看護学校の生徒で、当時の看護学校の一期生だったようですが、のちに正看護婦になりました。私の記憶の中では、よく遊んでくれた看護学校のお姉さんという印象です。

その後、ヒモ子は結婚されて、東京に行って刑務所の看護婦になりました。私が医師になったあと、ヒモ子と会って四方山話に花を咲かせましたが、とりわけ帝銀事件の犯人にされた平沢貞通の最後を看取った看護婦の話として興味深く耳を傾けました。確定死刑囚としての平沢貞通の三十二年間という収監期間は当時の世界最長記録で、肺炎を患って獄中で死亡した時は九十五歳でした。

吉水三兄弟のショート・ヒストリー

戦後しばらくして、寺の運営はなんとか軌道に乗りましたが、戦前の勢いは完全に失われました。全収入のうち、寺としての収入は一〜二割しかなく、僧侶の職だけでは生活できないので、食べていくには給与所得者になるしかありませんでした。

私たちの子供時代、貧しい境遇をなんとか抜け出し、兄弟みんなが揃って大学に行こうという気概と対策を持ち続けて、それぞれ大学を卒業できました。私立大学に行く余裕はまったくなかったので、全員が授業料の安い国立大学に入りました。打ち合わせたわけではないのに、勤めた期間は違いますが、三兄弟とも自衛隊に入隊しています。

長兄の一成は大変な秀才で、旧制の築上中学（福岡県立築上中部高校）に首席で入学しました。常日頃「私は孫の面倒なんか見ないよ」と言っていた祖母のシゲノが正装して、旧制中学の入学式に出掛けて、首席で入学した一成の新入生代表の入学の辞を読むのを聞いて誇らしげにしていたそうです。

戦後すぐに学校制度が変わったので、一成は新制中学が始まった混乱期に旧制の築上中学校から小倉工業高校に進学しました。父が小倉の新制中学の教員をしていた時、朝鮮戦争が休戦になり、日本は復興のために工業国家を目指していたので、工業高校を出れば良い就職ができるという話を父が同僚から聞いて、その話題を母が一成に告げて進学先が決まりました。

世の中が少し落ち着いて、昔の地主時代には戻れませんが、吉水家は貧窮のどん底生活をなんとか脱して、人並みの生活ができる中流家庭になっていました。父も母も成績優秀者の一成を大学に行かせようとしていたし、本人はもちろん進学を希望していました。しかし、工業高校には実習がたくさんあって、大学進学向けの授業がなかったので、受験目的の自習にはとても苦労したそうです。

九州大学の工学部を受けたけれども合格できず、二期校の山口大学の工学部に行きました。入学時には隆盛を極め、もてはやされた学部でしたが、卒業時には産業の形態が変わっていたので、陸上自衛隊の幹部学校に入り、陸上自衛隊に入隊しました。将校として各地を回り、最後は茨城県勝田市に家を構えて定住しましたが、数年前に亡くなりました。一成の長男は私の甥に当たりますが、東北大学の工学部を出て、東京電力に就職しました。

次兄の成二は、長兄が工業高校からの大学進学に苦労したのを知っていたので、進学校である小倉高校に入学しました。成二はアメリカ人教師のウィリアム・スミス・クラークに憧れていたので、北海道大学の農学部に入って、卒業後はブラジルに移民する志を抱いていました。

成二は高校時代にネフローゼ症候群を患ったせいか身体が弱く、父母は寒冷地の北海道に行くことを心配していました。幸か不幸か、成二は北海道の地理に疎く、試験時間に間に合わず北大に合格できず、二期校の宮崎大学の農学部に入学しました。ブラジルへの移民は断念して、卒業後は兄を見習って陸上自衛隊の幹部学校に入りましたが、自衛隊の勤務は体力的に自分には無理だろうと判断して、幹部学校を卒業したあと、長兄の一成と相談して高等学校の教師になりました。

教師時代は高教組の役員などをしていましたが、頼ってくる人や困っている人に寄り添う稀に見る義侠心に溢れた人でした。人のために生きる母に似て、心優しい兄でしたが、腎不全とその合併症で透析を受ける身になり、数年前に亡くなりました。体が弱くて、残念ながら長生きできない人でした。

本家の紫雲山無量院は、次兄の成二が継ぎました。祖父の卓英が死んで以来、無住の寺になっ

薬師如来像（左）

薬師如来像（右）

現在の長泉院（旧無量院）

ていた弘誓山長泉院も成二が引き継いで、二つの寺を一つに合体させて、新たに紫雲山長泉院としてスタートさせました。旧長泉院の檀家や位牌は衣替えした紫雲山長泉院にそのまま移管しました。そして、私が生まれた無量院の仏像と長泉院の仏様を一緒にまとめましたが、代が加わるごとに仏像が少しずつ増えて、私がインドやネパールから招来した仏像も加えて、現在は三十体近くの仏像を設《しつら》えています。

現在の長泉院は、成二の子息である仁の代で、平成八年五月に継承しています。仁は薬剤師になりましたが、その動機にはどうやら私の影響があったようで、医療法人茜会にしばらく勤めてくれました。

卓成の三男が私こと卓見で、由緒ある「卓」の字をいただきました。医師になって吉水の本家を出たあと、医師として一通りのキャリアを積み、外務省に入って北京とリオデジャネイロに赴任し、防衛省の海上自衛隊で五年余り勤めたあと、下関に私自身の吉水家を構えました。

一番末の妹のエイ子は、戦後の生まれです。家から程近い京都高校に進学して、そのあと福岡教育大学に進んで小学校の教員となり、同じく教員だった藤嶋哲郎氏と結婚して、現在は藤嶋エイ子として行橋市に居を定めています。

「吉水」は「吉永」ではないという思い

私の前半生において、多くの人が「吉水」の姓を「吉永」と間違えるのには、いつも閉口させられました。八津田小学校は八津田村にあるので、地元民が吉水を読み違える人はほとんどおらず、教師も同級生も私の名前をきちんと呼んでくれました。しかし、八津田村と築城町が共同で設立した新制八築中学校に入学すると、同級生も、先輩も、後輩も、先生の一部までもが「吉永」と呼ぶので、とても残念な記憶として頭の片隅に残っています。

憤りと言っては大袈裟かもしれませんが、「吉永」と呼ばれると、時には困惑し、辟易もしていました。なにゆえに、わざわざ「水」に点を加えて「永」とするのかが理解できず、間違われることが少し腹立たしく、不服を感じる場面が多々ありました。

高校でも「吉永」と呼ぶ人が少なからずいましたが、学識のある先生方は慎重で、間違って呼ぶ例はありませんでした。東京大学の文学部を出られた歴史の尋木《たずのき》政泰《まさやす》先生などは、淀みなく「吉水」と呼んでくれました。また、高校や大学時代に関西に行く機会がありましたが、京都や奈良では間違える人は誰もいませんでした。両市とも古都だから、私と同じ字の「吉水」さんが少なからずいるのです。

私とほぼ同年代に女優の吉永小百合さんがいて、彼女が有名になりかけていた頃、初対面の方が私の名刺の「吉水」を見ると、早とちりして「吉永」に言い間違える人が多くいました。間違って「吉永」と呼ばれた時、私の姓は吉永ではなく、吉水ですよと穏やかに相手に伝えましたが、腹の虫の居所が悪い時に「吉永」と呼ばれたら、大人げないと思いながらも、返事をせずに知らん振りしていました。黙殺していても、相手が何度も呼んでくる時など、声高に「私の名前はヨシミズであって、ヨシナガではありません」と答えるなど、今にして思うと、大人げない対応をしたと反省しています。

妻の千賀子は旧姓を是石と言います。父親の是石力雄は自慢の娘を嫁がせる相手が国立病院の医師にして、八津田村の寺の三男である私のことをいくらか誇りを持ってくれたようで、是石千賀子は親の思いを胸に秘めて私に嫁いで、吉水千賀子となりました。妻は「吉水」という姓に誇りを感じていたのか、間違って「吉永」と呼ばれると、あからさまに気分を悪くする時があって、否定的な言動を見せたりもしました。とはいうものの、家内は吉水姓に変わった者だから、よくある間違いだと許容もして、嘆きながらも反発していたようです。

私がお付き合いした日本人の中では、私の吉水と系統違いの吉水さんに出会ったことは二度しかありません。私がブラジルに在住していた時のポルト・アレグレの日本総領事が吉水さんで、その方は仏教に関係する家柄の人でしたが、外交官になられたと聞きました。

外交官の仲間に加わった後半生は、さすがにと言うべきか、東京大学の法学部や経済学部、京都大学や一橋大学といった有名大学を出た学識のある方が多く、私を「吉永」と呼ぶ人はほとんどいませんでした。外交官の仲間内でも、同様の気配りをしてくれました。

外交官として外地に赴けば、外国人を含めて、たいてい初めて会う人たちなので、名前に関しては私以上に強い関心を示し、注意も払っていました。私も初めて会う外国人の名前を覚えるのに大いに苦労しましたが、名前を正確に覚えることは、とてもデリケートな問題と認識して以来、相手の名前を間違えることはありませんでした。

欧米人はそもそも、漢字を知らないので、誰ひとり私を「ヨシナガ」と呼ぶ人はいなかったし、私が外国人の名前を間違えて呼んだ例はなかったと確信しています。同種の文字を使う中国人からも、間違われたことは一度もありません。私の名前の「吉水卓見」を中国語で「ジシュイ・ゾォチェン」と発音して、日本語で「吉永」と呼ばれることはありませんでした。モンゴル人でも、ベトナム人でも同じで、日本人だけに間違われるという奇異な経験をしてきました。

その後、私は下関で吉水内科を開業するに至りましたが、当初はやはり私の姓を「吉永」と間違える人が多くいましたが、徐々に間違って呼ぶ人は少なくなりました。私の息子の吉水一郎が病院を新築して、移転後に「よしみず病院」と平仮名に変えたので、今はもう間違う人がいなくなりました。ただし、新入職員などが「吉水」という字を見て、うっかり「吉永」と見誤ることがままあるかもしれません。

第七章　吉水卓見の前半生

病弱な少年時代を生き抜いて

吉水卓見こと私は、一九四二年（昭和十七）七月十七日に豊前八津田にある無量院（現住所は福岡県築上郡椎田町東八津田三七六番地）で誕生しました。ところが、戸籍上の登録日は、なぜだか八月一日生まれになっています。

第二次世界大戦中の私の記憶としてわずかに残る映像は、生家のすぐ近くにあった築城《ついき》海軍飛行場が米軍に爆撃されて、民間人や兵士が亡くなられた惨事です。また、私が父親に抱かれてオシッコをしている時、父親が「あっ、爆撃だ！空襲警報が鳴っている」と叫んだ思い出が奇妙に頭の中にこびり付いています。当時、私は二歳くらいだったのではないでしょうか。

私は六歳で八津田村立小学校に入学しましたが、小児結核に罹っていて、二年生から五年生まではずっと自宅療養だったので、一年生と六年生の二年間しか通学していません。小学生時代には、パス・ヒドラ・アイナー・ストマイなどの三種併用療法を受けていました。

私は現在も難聴ですが、おそらく薬物による治療が後遺症となっているのではないかと思っています。俗に言うストマイ難聴ですが、ともあれ治療の甲斐あって、小児結核はなんとか克服できました。大した治療法がなかった戦前だったら、たぶん私は死んでいたと思います。医療のおかげで生き抜けて、子や孫に恵まれました。

戦後は医療機関や保健所が少しずつ整ってきて、医薬品も開発されたので、私はなんとか救命されたのでしょう。しかし、結核に罹患してしまったために、その後に身長が伸びないことか、虚弱体質になって、スポーツや音楽が苦手になったことに繋がっています。

病弱な小学校生活を終えたあと、八築中学に進学しました。八築というのは、八津田村の「八」と築城町の「築」とを合わせた名称です。戦後に始まった六・三・三・四制の新制中学校だから、先輩は数年前までの人しかいません。

世の中が落ち着いた頃、母が長らく村の婦人会の会長をしていました。村の婦人会の会長には、高学歴の人とか、村長や医師などの奥さんが努めるのが慣わしでした。八津田村には医師の夫人がいましたが、母より年下だったし、女学校しか出ていなかったので、ひとまず母が婦人会長を務めて、母が辞めたあとの後継の婦人会長を務めたようです。

隣の大きい町の婦人会長は、女学校しか出ていませんでしたが、夫君が東京帝国大学の医学部を出た病院長だったので、当然のごとく婦人会長を務めていました。その病院で私が虫垂炎の手術を受けた折、母が婦人会長だった事情とあいまって、私が中学校での成績が一番か二番であると聞いた院長夫人から「あなたは医学部にいきなさい」と言われました。

卒業直前に仲津中学校に転校して、高校は父の出身校である豊津高校（旧制中学校）や兄が卒業した築上中部高等学校（元旧制中学校）ではなく、母の出身校である行橋市の元女学校の福岡県立京都《みやこ》高等学校に入学しました。

高校時代に刺激をくれた教師たち

京都高校は私の家の近くの駅から二駅先にあって、一年生と二年生の時は汽車で通学しました。三年生になった時、買ってもらったミニバイク（単車）で通学した覚えがあります。結核の後遺症ではありませんが、中学・高校の時代はたびたび病気で学校を休むことがあって、皆勤したことは一度もありません。

私が中学生か高校生の夏休みの時、杉尾玄有先生と兄の成二が高校の教員同士だったおかげで、夏休みや冬休みの短期間ですが、兄に勧められて杉尾先生に国語か社会の文化系の教科を教わりに行ったことがあります。

高校生になった私は、成績が一位か二位になることもありました。杉尾先生がほぼ同時期に京都高校に勤めておられて、同郷のよしみから目をかけていただけました。

私が通う京都高校にいらした尋木先生は、高校教師にしては珍しく東京大学の出身者で、教員仲間はもとより、生徒たちも一目置いていました。尋木先生は毎年のように進学クラスの生徒たちを夏休みに集めて、京都高校の卒業者にして高学歴（旧帝大）の先輩を呼び寄せて講話をしていただき、生徒の気持の啓発に尽力されていました。

私が講義を受けた時の先輩は京都大学を卒業して新聞記者になった方で、世界で初めて西夏文字を解読した西田龍雄教授の功績についての話をしてくれました。西夏という国は、あまり知られていないと思いますが、タングート族が中国の南西に建国した国で、中国語とは別種の繁雑な形の西夏文字を作っています。

世界各国の学者が西夏文字の解読に取り組んでいましたが、西田教授が所属する東洋学研究所の人たちの協力を得て、西夏文字の解読に漕ぎ着けたのです。なぜ解読できなかったかと言うと、ジンギスカンによって西夏が徹底的に壊滅されて、西夏語が後世に文字としてしか残らなかったうえ、表意文字だった関係で解読が遅れていたのです。

蓋を開けてみれば、偏や旁を組み合わせて作る漢字に似た方式の文字で、漢族を強く意識して「漢人」に相当する文字は差別的に「小偏に虫」としているそうです。西田教授たちの研鑽によって、西夏文字が解読できたため、世界史の不透明であった歴史の穴埋めができたそうです。なお、ジンギスカンは西夏を滅ぼしたあと、モンゴルに帰国する途中で死にましたが、死因と墓はいまだに不明のままです。

西田教授の功績に私は非常な感銘を受けて、京都大学の文学部に進んで東洋研に行きたいと言ったところ、尋木先生は「それは良いことだ。君なら行けるよ」と言われて、私自身も京都大学の東洋研に行くつもりになっていました。

ところが、クラスを受け持つ先生と進学担当の先生に「文学部に行っても、メシは食えんぞ。京都高校では最近、現役で国立大学の医学部に行った者がいないから、吉水くんは医学部に行きなさい」と言われて、あっけなく医学部に行こうと心変わりしました。

アレになれと言われて熊大医学部に

戦後の八津田村には、軍医をしていたという医師がどこからやってきたのか、借家に居ついていました。最初は聴診器一つで医療を始めましたが、瞬く間に自分の医院を建てた様子を目の当たりにして、成二兄から「お前はアレになれ」と言われました。確かにメシは食えるようになりましたが、必要以上に食べすぎたのか、少し肥満ぎみになっちゃいました。

当時の大学受験生には、国立の一期校と二期校とがあり、そして私立大学という区分意識がありました。一流医学部は旧帝大で、東京大学・京都大学・九州大学・北海道大学などです。二流と見なされる六医大は、新潟大学・金沢大学・千葉大学・岡山大学・熊本大学・長崎大学で、この六つの大学だけが戦前から医大（専門学校ではなく大学）でした。

医学部に関して言うと、一流と二流の国立大学が一期校で、二期校は三流とか四流と言われる大学で、昔の医学専門学校（医専）です。国立一期校に合格した人は、当然そこに入学しますが、一期校に落ちた人は、二期校を受験できる制度でした。一期校にも二期校にも合格できなかった者は、私立大学の医学部に行く風潮が当時の医者になる道筋になっていました。

国立大学は定められた授業料でしたが、私の場合は国立一期校だったので、授業料は月に千円で、年間一万二千円でした。私立大学の授業料はすでに年間何百万円という時代になっていたので、よほどの金持でなければ、私立大学の医学部には行けませんでした。

当時の大卒の初任給は平均給与が二万円から三万円くらいだったので、一期校の授業料千円は一般家庭の手に余るほどの大きな負担ではありませんでした。私たち兄弟には浪人するだけの経済的な余裕がなかったので、一期校のうちの合格安全圏と見なせる熊本大学の医学部を受験して合格できました。

幸運なケルン大学への短期留学

熊大の医学生時代、最も尊敬する鹿子木《かのこぎ》敏範《としのり》先生の教室に学生時代から出入りしていました。ドイツから訪れたドイツ語教師が教えるドイツ語の会話に学生ながら医局の先生方と一緒に参加させていただき、六年生の夏にケルン大学に短期留学できる幸運に恵まれました。

戦前の熊本県には、俗に五高と呼ばれる第五高等学校がありました。日・独の関係は五高時代から緊密で、日独協会の会長は第五高等学校から東京大学法学部を出た熊本市長の石原繁氏が務めていました。副会長が鹿子木教授でしたが、市長とは五校の同級生で、二人はともにドイツ語を専攻されていました。

私のケルン大学への数カ月の留学は、熊本日独協会から派遣されました。一九六〇年代当時、田舎の大学からのドイツ留学は、非常に珍しい出来事だったと言えます。一般人が海外に行けるチャンスはないに等しく、外国に行くこと自体が大変なハプニングでした。

横浜からナホトカまでは船で赴き、ハバロフスクまではシベリア鉄道を利用し、モスクワへは航空運賃が格安のアエロフロートに乗り、オーストリアのウィーンまでは列車で行き、鉄道を乗り継いでドイツのケルンに到着しましたが、全行程に一週間を要しました。世界はまだ、グローバルと言うには程遠い時代でした。

その当時は一ドルが三百六十円で、外貨は百五十ドルしか持ち出せませんでした。闇ドルを買えば一ドルが四百円以上していた時代です。航空券などはもちろん日本円で買って、現金の百五十ドルを持参するという時代でした。

琉球政府のインターンから九州を転々

大学を卒業すると、インターンとして琉球政府立沖縄中部病院で勤務しました。沖縄はまだ本土復帰しておらず、医学部や医科大学がなかったので、琉球政府立沖縄中部病院ではハワイ大学の医学部の先生方がティーチング・スタッフとして、私たちインターンを教育しました。私はじつは、ハワイ大学のインターンをしていたわけです。

沖縄での研修を終えると、文部教官助手として熊本大学に戻りました。インターンの時代は百五十ドルを支給されていたので、五〜六万円の月収になっていましたが、文部教官助手の給与は四万円しかなく、手取りは三万円ちょっとの給与体系で、小学校の教員とほぼ同等の給与水準で、いわば薄給の身分でした。

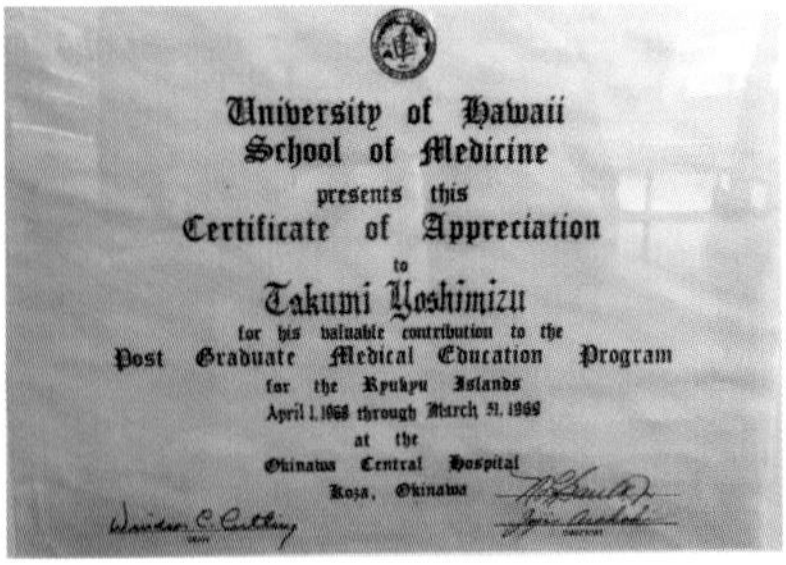

ハワイ大学のインターン修了証

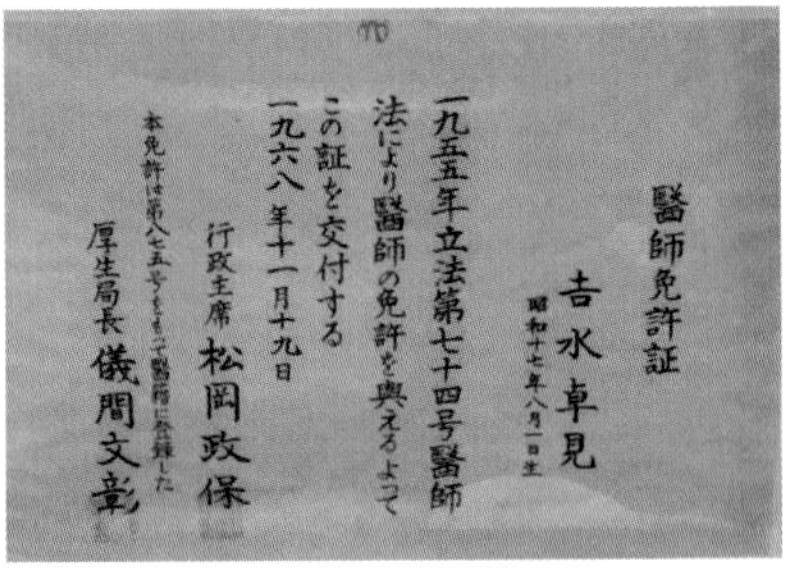

琉球政府の医師免許証

二十五～二十七歳の時、三百床近い宮崎の病院の副院長として派遣されました。何を隠そう、病院の常勤医師はなんと院長と副院長の私だけでした。当時としては非常な高給取りで、月給は二十万円くらいあったと記憶しています。

一年間と少しの間、宮崎の病院で過ごして大学に戻ったところ、月給はまた四万円に戻されました。当時の民間病院は医師不足でした。私が卒業した昭和四十年代に比べると、現在は医師の数は二倍から三倍になっています。もはや医師不足とは言えず、給与格差も改善されているはずです。

その後、私の学部の先輩に当たるO先生の友人のN先生が「O君が大学に戻りたいと言っているから、彼の後任で行ってくれないか」と頼んできたので、私は自分の出身地に近い大分県中津市の国立病院に厚生技官として移動しました。O先生は九州大学の医局に入ったけれども、医師不足の時代ゆえに、田舎の病院に回されていたのです。

中津の病院は、約二百ベッドのうちの百ベッドが内科系（そのうち五十ベッドが結核病棟、残り五十ベッドが内科病棟）で、残りの百ベッドを小児科や整形・産婦人科・外科などが使っていました。終戦から二十数年を経てもなお、結核の患者がまだ数多くいたのです。

内科の医師の数はわずか三人で、私が一番の若造でした。院長が結核病棟を受け持ち、五十ベッドの病棟を内科部長と私の二人で診るという大忙しの時代でした。医師不足が短期間で解消されるはずはなく、中津の病院に限らず、あちこちの病院で似たような現象が生じていました。現在は病院の形態がすっかり変わって、中津病院の内科には、十名前後の医師がいると思われます。

腎センターの初代医長に就任して

中津の国立病院に三〜四年間ほど在籍しましたが、先輩のN先生からまたも「麻生飯塚病院に腎センターを作るので、そこに行かないか」と誘われて、腎センターの初代医長として赴任しました。当時の麻生飯塚病院のベッド数は九州では最大で、二番目の九大医学部の九大病院より五十から六十くらいベッド数の多い大病院で、五十名から六十名もの医師が勤務していました。

蛇足させていただくと、麻生飯塚病院の経営者の麻生巌氏は豊前宇都宮家の末裔の麻生一族の一人で、麻生太郎元総理大臣の実弟です。

病院での学閥の勢力分布は、九大医学部の出身者が半分を占め、三分の一が熊大医学部の出身者でした。残りの医師は、鹿児島大学や長崎大学などの卒業生で、山口大学も一人か二人いました。院長はもちろん九州大学の卒業者で、三人の副院長のうち二人は九州大学で、一人が熊本大学の出身者でした。

医療界では、卒業した大学の先輩・後輩が非常に密な関係を築いています。いわゆる学閥が形成されて、出身大学ごとに行き先がほぼ決まっています。ただし、患者さんの治療に関しては、学閥の垣根を越えて、互いに連携し合って治療に当たります。

私は腎センターの初代医長として赴任し、新しく腎センターを作り上げる任務を仰せ付かりました。最新医療の人工透析を取り入れましたが、高額な治療を頻繁に受ける患者は限られていました。昨今は機器が進歩して、誰もが気軽に受診できます。医療技術の進化には終点がないようで、まさしく感無量と言える世界を展開しています。

外交官として北京、そしてリオへ

腎センターに医長として赴任して、二〜三年後に運営を軌道に乗せた頃、外交官（医務官）として外務省に入らないかという誘いを受けました。私は在中国日本大使館の二代目の医務官として赴任し、約三年間を北京で過ごしました。

当時の日本の在外公館は、百カ所以上あったにもかかわらず、医務官はわずかに約十人で、私はその中の一人でした。驚くべきことに、在外公館や領事館などを併せると、現在は二百カ所くらいに増えています。医務官は百人近くいて、発展途上国のほとんどの領事館や大使館に配置されているとのことで、まさしく隔世の感を覚えます。

最近の日本人は発展途上国にあまり行きたがらず、いささか奇妙な現象を招いているようです。外交官もやはり人の子で、健康・衛生・治安などの面に不安を覚える発展途上国には行きたがらない傾向があると聞きます。しかし、健康や治安が保証されれば赴任しており、現在は発展途上国も含めて、医務官は世界の各国に配置されています。

私が外務省に入った一九七七年頃は、医務官が十人くらいしかいなかったので、日本より衛生状態が良くない地域に派遣されると、他の在外公館を兼務していました。私自身は北京に住んで、管轄は主として北京大使館でしたが、上海・広東・香港にはもとより、モンゴルにあるウランバートルやベトナムのハノイにある大使館などと広範な地域を兼轄しました。

モンゴルで東京大学文学部の小宮豊隆教授の娘さんである大使夫人とお会いした時には、私が福岡県の京都《みやこ》高校の出身者と知ると、とても喜んで歓迎してくれました。大使夫人のお父さんの小宮教授が豊津の出身者で、非常に厚遇していただきました。ちなみに、小宮教授は夏目漱石の名著『三四郎』の主人公である小川三四郎のモデルになった人物です。漱石の小説の三四郎は、福岡県の豊前側の出身者だから、小宮氏には強い親しみを覚えました。

当時の医務官は全員が五~七カ所の公館を兼務して、一年間の半分くらいは各地を巡回していました。各国の厚生省のお役人や国立病院の人たちと会って、意見などを交わすのが主な仕事で、医療情報の交換や在留邦人の健康管理に携わっていました。私は一つの公館に属しながら、あちこちの公館を巡回する珍しいタイプの外交官でした。

海外での最後の勤務先は、リオ・デ・ジャネイロの総領事館で、領事を仰せ付かりました。

北京の医務官時代（上海総領館）

ビルマ（ミャンマー）にて

定価
1650円⑩

注文カード

貴店名

部数　冊

書名	発売
源平合戦の残り香 ～無量院の六代	新日本教育図書㈱ 山口県下関市長府扇町9-2 電話 083-249-1151
著者名	
吉水卓見	

定価1650円
(本体1500円+税)

注文日　月　日

9784880246437
ISBN978-4-88024-643-7
C0021 ¥1500E

ド

売上カ

新日本教育

書名

源平

新日本

リオデジャネイロの海岸で

マナオスにて

本来なら首都であるブラジリア大使館で勤務するはずでしたが、ブラジリアは国の中央部に入り込んでいて、交通の便がかなり不都合な地域にあるため、交通手段が良好にして、旧首都でもあったリオ・デ・ジャネイロの総領事館を根城にして、ブラジリアの大使館やサンパウロなどのさまざまな公館を回りました。

ブラジル国内はリオ・デ・ジャネイロのほか、サンパウロ、ポルト・アレグレ、レシフェ、ベレン、マナオス、ブラジリアに公館がありました。ブラジル国外では、パラグアイには大使館（アスンシオン）以外に、小さな領事館（エンカルナシオン）があり、ウルグアイのモン・テ・ビデオの大使館を併せると、十カ所近くを兼轄していました。時にはメキシコや隣国のチリやペルーなどに赴く場面もあり、リオ・デ・ジャネイロに勤務する間に南米のほとんどの国を訪問しています。

リオ・デ・ジャネイロには約三年間いましたが、親兄弟から「そろそろ日本に帰ってきなさいよ」と言われたので、もう十分に務めを果たせただろうと思って帰国を決意しました。帰国してからの就職先について、私は一度も行ったことのない東京で職を得ようと思いました。

海上自衛隊では遠航の医務長に

就職活動をしている時、国立病院国際医療センター（当時は東京国立第一病院）から「国際医療部を作る予定だが、あなたは適任者だから来ないか」という誘いを受けました。私が面接を受けに行くと、そこの院長は私が以前に北京大使館で世話したことのある先生で、開口一番「大歓迎だから、来てください」と院長から言われました。

ところが、間を取り持ってくれた先輩の先生もやはり北京でお世話させていただいた方でしたが、意外なことに「あなたは鉄門会（東京大学医学部の同窓会）の人ではないから、しばらく無給医局員でいてください」と言われて、ちょっと驚いて戸惑いました。

私には妻と三人の子供がいて、家族を扶養しなければならないのに、無給医局員では生活ができないのではないかと考えて、処遇の意味を理解できなかったので丁重にお断わりしました。

次に海上自衛隊に面接に行くと、ただ一言「来なさい」と大歓迎してくれたうえ、重要なポストに付けてくれたので、迷わず赴任を決めました。しかし、今になって考えてみれば、無給医局員でも、どこかでアルバイトをすれば暮らしは立ったのかもと思っています。

私は国家公務員をずっと続けていたので、世間知らずな一面があって、医療界の実状を詳しくは知らず、当時の私の決断の正否は仮の話として妄想するしかありません。ともあれ、私は海上自衛隊に就職しました。

海上自衛隊には、遠洋航海という家庭から長く離れる職務があります。私のリオ・デ・ジャネイロ時代に遠洋航海の艦隊が訪れて、私が医務長と歯科長を接遇して、いろいろな所を案内して回った折、二人が口を揃えて「あなたのような人は是非とも海上自衛隊に来て欲しい」と誘ってくれたことがあったので、海上自衛隊に入る動機になったと思います。

私を誘ってくださった医務長は鉄門会の人で、一学年ほど先輩だったと思いますが、のちに宮内庁の病院に移転されました。海上自衛隊で医療のトップを目指す人は、自衛隊の中央病院の院長になる以外は、昔の軍医総監に相当する海上自衛隊の衛生部長になるか、天皇の侍医になることで、東京大学の医学部出身にして、自衛隊の医官として入隊した人たちが目指す将来の最終ポストでした。

私を勧誘した医務長は、そのポストの路線に乗って、海上自衛隊から宮内庁に進んだ人物で

遠洋航海

遠洋航海の艦隊

す。私は鉄門会の者ではないので、成り上がれても、せいぜい昔の軍医総監である衛生部長にしかなれない不文律があると後日に知りました。

海上自衛隊に入った私は、まず遠航の医務長になり、練習艦隊の司令官の幕下の司令部の幕僚（昔の高級参謀）に加わりました。遠航の医務長兼司令部の衛生主任という幕僚級の立場で司令部に参加していましたが、通常は艦隊の医務室で勤務していました。

私は遠航の医務長兼内科長で、もう一艘に外科長がいて、残りの一艘に研修生（医師・防衛医科大卒業生）が乗り、医師は三名、歯科医師が一名、そのほかレントゲン技師、検査技師、男性看護師などを併せると、二十名くらいの医務関係者が乗艦していました。

私は医務長（軍医長）だから、副官が付いていました。もっとも、私は二等海佐（昔の中佐）でしかなかったので、副官の肩書きは医務長付きでした。衛生隊員上がりの三尉（少尉）が医務長付きとして、私の事実上の副官として業務を補佐してくれました。

遠洋航海は一般に、日本を出発して帰って来るまでに約半年間を要します。遠航から帰ると、私は潜水医学実験隊の実験一部長（その隊のナンバー2で、司令の次の副長）に携わりました。潜水医学実験隊には、一部・二部・三部と総務があり、潜水艦およびダイビングの潜水士の訓練を行なったり、潜水艦の運用などを研究していました。そのほか救難艦での作業があり、船が沈没した時など、潜水士が船の引き揚げや救助に向かうトレーニングです。

航空機の搭乗員を選ぶ任務に就く

ついで、私は海の公職から空の服務へと転身して、神奈川県綾瀬市にある海上自衛隊厚木航空基地（海軍航空隊厚木飛行場）の空団医務長として着任しました。海上自衛隊の空団の医務長は、戦前の名称で言うと、連合艦隊の航空艦隊司令部の軍医長に相当します。

航空集団は大きく分けて、八戸・下総・館山・硫黄島・マーカス島（日本名は南鳥島）・厚木基地・岩国基地・小月基地・大村基地・鹿屋基地・沖縄海上自衛隊の十カ所の基地隊から成ります。私は海上自衛隊の航空基地の衛生隊長たちや空飛ぶ看護師であるメデック（Medic）たちの統括や人事をする立場として、およそ七百人くらいの部下を持ち、空団の医務長として厚木基地で勤務し、各基地に航空機でしばしば出掛けていました。

私は外交官や自衛隊員として、世界のあちこちを歴訪し、研究・訓練・行政・医療と幅広い

P3C機内にて

分野に携わってきましたが、一九八六年に故郷の八津田村から程近い本州の南端に位置する下関市を初めて訪れました。下関市には海上自衛隊の小月基地があり、多い時は月に一回、少ない時でも二～三カ月に一度は厚木飛行場から航空機に乗って小月基地に来ていました。

小月基地は海上自衛隊の航空士官、もしくはパイロットや航空機搭乗員を養成する最初の機関で、その人たちの選抜試験をするためで、業務の大部分は航空身体検査を行なう仕事でした。小月基地には航空学生が百名近く在籍して、パイロットも同じくらいの人数がいて、そのほかは一般の隊員たちです。

航空機搭乗員の健康管理とは、じつは隊員たちの健康状態を向上させるのが主たる目的ではなく、事故を起こさないためには、心身の健全性こそが重要なので、身体や心理状態の良否を判断して選抜を行なうことを主旨としています。要するに、機乗の任務に適さない人を篩《ふるい》に掛けて除外する役目です。航空機事故をなくすには、選抜は非常に大切な業務です。心身のどちらかが不適格な者を除外する仕事は必要不可欠で、私はいわば転ばぬ先の杖の役目を担っていました。したがって、学生はもとより、たとえ司令官（ほとんどがパイロット）であっても、私の印鑑がないと飛行機に搭乗できない制度なので、私は少しだけ強面《こわもて》にしていました。

海上自衛隊には、五年間近く在籍しました。外務省と海上自衛隊の任務を併せて、霞ケ関の周辺におよそ十年間ほどいたわけですが、国家公務員の上級職の役人として、いろいろな仕事ができて素晴らしい体験をしながら、各省のさまざまな人たちと知り合いになれて、今日の私の事業をする際の助けになりました。

良し悪しは別として、少し短絡な言い方をすると、国内のエリートを目指すには、国家公務員のキャリアすなわち上級職（昔の高級官僚）になるのが一番手っ取り早いでしょう。次いで司法試験（弁護士・検事・裁判官）に及第することで、三番目が医師国家試験に合格するという暗黙の社会通念がわが国の現実であると実感させられます。

ともあれ、霞ケ関にいた時、国家公務員の上級職の方々と同じ処遇や待遇を受けることができ、いろいろな人との交流があって、さまざまな体験がその後の私の進路に大いに役立ちました。

第八章　世間に出て病院を開業する

下関で診療所を開業

私は二十年間近くの国家公務員生活を過ごして、紆余曲折の人生を経験してきましたが、公職をリタイアして、やっと自らの力で開業できて、民間で勝負してみようと思い立ちました。

さまざまな要件を考慮した結果、開業の適地は下関がいいだろうと決断しました。下関市を足場に定めた主な理由は、年間に十回くらい厚木から来ていたので、多少の土地勘を持てていた経験と併せて、熊本大学のスタッフが下関厚生病院に派遣されていて、院長先生は私と昔からの知り合いだったことです。

旧海軍の軍医大尉だった院長は、私より三十歳くらい上の大学の先輩でした。下関厚生病院の院長室の目の前にある物件がたまたま空いていたので、院長から「君、あそこの物件が三年間も空いているんだが、どうかね」と勧められた縁が瓢箪から駒となって、下関に吉水内科の診療所を開業するに至りました。ある先生が辞められて、空いていた診療所を借りて始めたのが吉水内科の開院となったしだいです。

日本の天下りと違って、中国語での「下海」（シャーハイ）は、ただ単に官僚が民間人になることです。私のケースは日本式の天下りではなく、まさしく中国的な下海で、とにかく下関に拠点を置くと決心しました。海上自衛隊の時、私は七百人くらいの部下を持っていたので、民間に下る以上は七百人以上の職員を持つ経営者になろうという信念を胸に秘めて、下関に腰を落ち着ける覚悟を決めました。

従業員三人の借家からのスタート

下関で開業してから三年間くらいは、事業を存続するだけで精一杯でした。医院のメンバーは私と薬剤師の資格を持つ妻のほか、従業員は看護婦さん二名と事務員が一名で、総員わずか五名のスタッフで、吉水内科を借家住まいでスタートさせました。

開業に当たって、経営コンサルタントに見積もりを依頼したところ、「一億円の投資をして、十年で返済しなさい」という計画を呈示され、お金が足りなければ融資も世話すると言われましたが、私は自己資金の範囲内で始めるべきと考えて、初期投資額は千五百万円までとして開業を決意しました。手持ちの預貯金が千五百万円ほどあったからですが、じつは全額を銀行から借りて二年間で完済できました。全額を返済できたあと、自己資金を自由に使える状態になったので、その後の展望はどんどん開けていきました。

もし十年間で二億円を返済する計画に従っていたら、十年間は何ひとつ展開できなかっただろうと思います。控え目に始めたおかげで、レールにうまく乗れて、あたふたと動き回る十年間を過ごさずに済ませたと確信しています。自己資金の枠内で始めたことで、事業上の行動を束縛されずに済んだのです。

借金返済の終了時には、わずか三人で始めた職員が十倍以上になっていました。吉水内科、是石内科、吉水内科の訪問看護ステーション、是石内科の訪問看護ステーションの従業員を併せて四十名前後になっていたのです。

しかし、まだ七百人には程遠いので、診療所だけでは発展は難しいと判断して、病院を建てる計画を立てて、いろいろな申請を出しましたが、私の経営方針が常識的な考えとまったく違っていたため、医師会の反対に遭って、すべてボツになりました。

病児保育所を建てようとした企画もやはり、医師会の小児科医会から大反対されました。病児保育所は人口十万人当たり一カ所が割り当てられていましたが、当時の下関市の人口は三十万人を少し切る程度だったので、三カ所くらい作ってもいいはずなのに、下関には皆無なので、下関市役所に仲介に入ってもらって、小児科医会と私の会談と言うか、少しばかり論争になりました。

私が「下関市は病児保育所がゼロではないですか。三カ所くらい作る必要があるのに、私が小児科医会に入っていないので反対と言う意見は、社会的な要求を軽んじる筋違いの考え方ではないですか」と主張したところ、縄張り意識をむき出しに「あなたは内科医でしょう」と一蹴されました。

「では、小児科医が最初の病児保育所を作ってください。しかし、もし不足を補う必要が生じて、私が二番目の病児保育所を建てる時は反対しないでください」と申し出ると、小児科医会の会長が仕方なく病児保育所を作りました。じつは小児科の先生方は、病児保育所を建てるつもりがなかったらしく、反対だけしたかったのだと思います。ともあれ、そのあと私が二番目に医療法人茜会の病児保育所を設立できました。

また、私は自分が難聴者だから、人の話がよく聞こえない不便さを知り尽くしているし、難聴者は認知症になりやすいので、難聴者に補聴器を勧めると、耳鼻科医会から「耳鼻科でない者は補聴器に関わらないように」と反対されました。耳鼻科医でない者は、補聴器に関わらないようにとダメ出しされたのです。

百年企業への思いを込めて

小さな診療所を経営するだけでは、私は先々難しい時代を迎えるのではないかと懸念していたので、次は病院経営に乗り出すべきと考えていた矢先、思いも寄らず倒産した昭和病院の運営を受託することが決まりました。昭和病院系列の四つの病院が同時に倒産したのですが、一番規模の大きい病院が昭和病院でした。

私は昭和病院の経営権を取得して、病棟の編成を改善したり。適切な人員を配置できるだけの職員を増やしたり、施設の基準を向上させる業務に取り組むなど、さまざまな面で改革を進めました。法律や経済に疎い医師会の先生方には、私がなぜ昭和病院を受託して、改革できたのか不思議に感じているようです。

破産した昭和病院は、破産財団という組織に管轄されて、財団の運営は山口地方裁判所の下関支部の管轄になっていました。弁護士や税理士など、法律や経済面に詳しい人たちの力を借りて、法律的に買収できましたが、知恵を授けてくれたり、アドバイスしてくれた人たちには感謝しています。下関で病院経営を始めて、借金の返済を終えて以降、私は情報収集のために三カ月に一度くらいの割合で霞ケ関、とりわけ厚生省（現在の厚生労働省）に足を運んで得られた情報が大いに役立ちました。

その後、診療所以外の複数の医療施設の運営に着手しました。昭和病院を軌道に乗せて以降は、医療の大半がしだいに老人医療になりました。高齢化社会に向かう時代を迎えて、当然の仕儀とは思いますが、厚生省が福祉三プランという政策を出したので、社会福祉法人をただちに開設して、路線に乗れば将来に向かう潮流に沿って経営できるだろうと判断して、社会福祉法人暁会に福祉三プランの運営を課しました。そして、介護保険が二年か三年後に公布されるとわかった段階で、介護保険に対応する体制作りを始めました。

介護保険が二〇〇〇年に始まった時、私どもは山口県で最も数の多い介護支援専門員の養成を終えていました。私がリーダーシップを執って講義を行ない、看護師さんやいろんな職種の方に介護保険の勉強をするよう勧めました。若いドクターたちにも「今後は介護保険が重視される時代になるので、医療保険に頼るだけでは十分な経営はできないので、ケアマネージャーになる試験を受けてください」と音頭取りをして、介護保険の養成講座を月に二回くらい設けて、五十名くらいの人に受験してもらいました。

その際、ドクターたちに「看護婦さんや他の技師さんも受験するので、万が一ドクターが落ちるようなことがあれば、恥ずかしい思いをしますよ」と冗談がてらにやや強迫的な発破をかけました。ドクターたちは口には出しませんでしたが「看護婦さんが受かって、医者が落ちてはまずい」と思って勉強したらしく、なんと全員が合格できました。みんなが揃って勉強して、その当時の山口県で一番のケアマネージャーの量と質を持つことができたのです。その頃から病院機能評価を受けるようになり、山口県内の民間病院では真っ先に合格しました。

破産した昭和病院は、じつは医療レベルが最低と言われる病院でした。昭和病院の下はいないと評価されていたので、劣勢を挽回するには「山口県で一番になろう」というモットーを掲げて目標に向けて励みました。新しいことは何であれ、ともかく山口県で一番先に取り組もうと決めて、口に出して「なんでも一番を続ければ、レベルが少しずつ上がります」と推進してきたおかげで、今日の展開を見るに至っています。

従業員が千人以上の規模になると、三人だけの時代を違って、外部からの反対は少なくなりました。ところが、リハビリの学校を作る時は医師会から強く反対されて、また山口県理学療法師部会から「リハビリの学校を作れば、昭和病院に勤める君たちを除名する」との圧力が当院のリハビリ関係の職員たちに加えられたのです。職員たちは除名されては大変だと思ってか、リハビリ関係の職員の約半数が昭和病院を辞めていき、いわゆる内部から崩壊した結果、リハビリの学校を作れず大失敗しました。

看護学校を作る時もまた、医師会は反対の立場でしたが、計画を内密に進めて、ある程度の目安を付けてから県と国の内諾を得て、下関医師会に話を持っていったので、しぶしぶ承諾してもらえたのだと思います。北九州に進出した際は、下関医師会には反対のしようがないし、東京進出の時は下関医師会は致し方ないという状況でした。

病院経営はあれやこれやで少々苦労しましたが、私が理事長を引退したあとの成り行きを少しばかり懸念しています。前理事長と現理事長が並置すれば、古参の幹部の多くが私に目を向けがちになるので、次世代に早く譲渡するには私の権力を社員の視野の前から消すべきと考えました。

西日本では「山口県で一番」を目指して、いろいろな事業を行なっていたので、「下関には昭和病院がある」と知られていたし、関西や中国、また九州でも医療講演を行なっていたほか、学会でもいろいろなテーマを発表させていたので、山口県に昭和病院があると多少は認知されていました。

そこで、私は西日本ではなく、まだ知られていない東京以北に行こうと決断しました。ところが、思いも寄らぬことに、あの三・一一の大震災です。東北大震災の時、私は最も被害が大きかった石巻港湾病院の院内にいましたが、わずかの差で死を免れて生きて帰ってきました。

その後、約二十年間近い歳月が経過しました。次世代の経営方針は、世の中の価値観が大きく変わったせいか、私の思いとずれがあるのは当たり前で、世の慣いではないでしょうか。

三人の子供はいずれも内科医になりました。私から「内科医になれ」とは一言も言っていないのに、なぜだか三人とも内科医になりました。現在、女医になった娘二人は妻と一緒に東京に行き、下関には現理事長である息子と私が居残っています。女性たちが東京へ行って、関門は男性たちが仕切るようになりました。

現役時代の私は率直に申しますと、少しばかり専制ぎみのリーダーシップを執っていました。医療法人、社会福祉法人、医療サービス会社の三つの組織を一つにまとめて運営していましたが、私の引退後は後継者の薬剤師である妻と三人の子供が四本柱になっています。

そして、互いに連携しながらも、時には競合する場合も生じて、各組織が独立的に行動しているので、一体感を欠く傾向を見受けます。全国で三千人の従業員を数える組織の大きさが弊害にならないようにと、一体化への努力をしているようですが、俗に言う大企業病の問題が発生しています。親族同士だから分解はないとは思うものの、子供たちはそれぞれ配偶者を得て、私の孫たちが生まれており、親・子・孫の人数が多くなれば、考え方にずれが生じたり競争が始まるのは当然で、親しくしてはいても疎遠にもなりかねません。

私はすでに引退しましたが、毛利元就の三本の矢の訓えのように、家族が固く結ばれるためにと、年に一度は家族会を開催して家訓を伝えています。しかし、私の家訓はどうやら無視されているらしく、残念ながら「読めと言うから読んでる」くらいにやり過ごされ、真剣に受け取ってもらえていないのではとの危惧を覚えています。

法然上人への回帰に向けて

私は無量院という寺に生まれましたが、三男坊なので僧侶にはならず、医師になって宗教と離れてしまい、心の修行不足で煩悩や無明に取り憑かれる場面があります。実業を営む凡夫は、仏教で言う悟りを持つ心境にはなかなかなれません。

理事長を退任したあと、私はいささか慚愧《ざんき》の念を覚えながら、まずは私どもの宗派の創始者である法然上人が称名・説法・布教を実際に行なって、教えを説かれた二十五の霊場を訪れる巡礼なみの行脚を実践しています。

行基上人や空海上人は、古い時代の伝説に彩られた偉人で、実際に行ってもいない場所が訪れた話になっていますが、法然上人の二十五霊場は歴史上の事実として今日に伝えられ、行跡が書物にきちんと記載されて、実際に赴いた場所だけに限定されています。法然上人の出身地の岡山県と近畿地方と流罪にされた四国だけなので、なんとか回らせていただけました。

三度目の今回は、齢八十になって少々足腰が弱り、登山に等しい霊場には苦労して挑戦しています。たぶん今回が最後になるだろうと思いながら、一番年長の孫に同行してもらって参拝を続けています。

法然上人が在世した時代、浄土宗は日本で最大数の信者を持ちましたが、その後は法然上人の弟子である親鸞《しんらん》上人が主に農民を信者とする浄土真宗を普及させ、中興の祖である蓮如《れんにょ》上人の時代は戦国期の真っ盛りで、浄土真宗が本願寺教団になる頃は一向宗の信者たちが一向一揆などの宗教戦争を起こしながらも、蓮如上人が講を作って広く一般の人々に布教したので、現在は浄土真宗が日本一の信者を有する宗門になっています。

世界の宗教の多くは一神教で、他宗の神の存在を認めずに排斥しますが、日本の仏教は多神教の流れを汲んで、あらゆる他者を許容する心優しい寛容な宗教になっています。法然上人による浄土宗は、とりわけ人々の平等を主張しているので、日本人はこれからも法然上人の心の広さを大切にして欲しいと思います。

仏教の故郷インドで釈迦を巡る旅

二十五霊場を三回ほど回ることと併せて、私は釈尊《しゃくそん》の八大霊場を巡礼しました。今から十五年以上も前になりますが、私はたった一人でインドに赴きました。

ニューデリーで二人のインド人を雇い、三人で二十日間を掛けてインドの仏教遺構を巡りました。同行者の一人はデリー大学の日本語科を出た日本語を少し話せるガイドさんで、英語と日本語で会話を交わしました。彼は仏教徒でもヒンズー教徒でもなく、驚いたことにイスラム教徒でした。もう一人の車の運転手はヒンズー教徒でした。

インドを訪れるとまず、ネパールのルンビニ（お釈迦様の誕生地）に赴き、ついでクシナガル（お釈迦様が亡くなられた涅槃の浄土）とサルナート（お釈迦様が初めて説法をされた初転法輪の場所）とブッダガヤ（お釈迦様が悟りを開かれた場所）の四大聖地を巡りました。

ブッダガヤが最も大きな聖地で、その近くにあるラージギルには、大舎城、霊鷲山、竹林精舎などがあります。お釈迦様が説かれた言葉を文章で伝えることを「結集」と言いますが、第

祇園精舎

バイシャリ

サルナート

釈尊三代

ナーランダ

広鹿野苑

二結集をしたバイシャリにも行きました。バイシャリはまた、お釈迦様が涅槃に旅立った出発地でもあります。

ヴァルランプールにも立ち寄りましたが、サヘート・マヘートとかシュラスヴァスティとも言います。日本人に親しまれる「祇園精舎」のことですが、お釈迦様が少し長らく滞在して仏教を広めた場所です。

仏教の聖地の見学を終えようとした時、私を日本人と知った現地のガイドから「祇園精舎の鐘を見に行かないか」と誘われて、付いて行くと梵鐘が目に入りました。『平家物語』の冒頭に「祇園精舎の鐘の声、沙羅双樹の花の色、盛者必衰の理《ことわり》を顕わす」とあって、読み始めるといきなり、盛える者は必ず衰えると人の世の無常感が紹介されます。哀愁のある鐘の響きはまさしく、じつは日本でのみ通用する音色と言えるかもしれません。

インドや中国で『平家物語』の思想が通用するはずはなく、日本の仏教徒が祇園精舎に行って梵鐘を供えたと聞きました。日本人だけが訪れる場所で、鐘を撞かせてお金を貰う様子を見て興醒めしました。鐘楼や梵鐘は、そもそも中国で作られたもので、仏教が日本に伝わる時にもたらされており、もともとインドには存在していません。インドの祇園精舎の梵鐘は、日本人が持ち込んだと聞きました。日本人には日本でしか通用しない風習を他国に押し売りする善意の悪癖がありますが、島国根性の一幕を拝見したしだいでした。

また、サンカシャという伝説の場所を訪ねましたが、亡母のマーヤ夫人がいた天上界にお釈迦様が上がって行って説法をして帰ってきた地であると知りました。梵天（ブラフマー）と帝釈天（インドラ）が「お釈迦様、どうぞ仏法を多くの人々に説いてください」と言って、この地に降り立つと、お釈迦様は「仏法は非常に難しくて、自分の思いを深くするだけが精一杯で、一般の人々に説くのは難しい」と答えました。しかし、梵天が現世の乱れを救うための「梵天勧請」つまり仏法を説いてくださいと頼んだ場所がサンカシャで、イスラム教徒のインド人ガイドは敬遠したので、私と運転手の二人で行きました。

インドという国には、カーストという階級制度が現在も残っています。私が日本の僧侶の子に生まれて、しかも医師と知って、私が接したインド人たちは私をブラフマーの位にある人物と認めてくれました。私はホテルで食事を摂りますが、イスラム教徒であるガイドの食べ物はまったく違っています。イスラム教徒にとって、私は異教徒にほかなりませんが、お金を払うお客さんでもありました。

運転手はカーストが下位の身分で、何かを適当に買って食べていました。私はホテルに泊りますが、運転手は車の中で寝ていました。運転手が私と話をする時、最初に「ナマステー」と挨拶言葉を口にします。私はお金を盗む気持を起こさせないようにと、毎日チップを渡しましたが、その時に「バクシーシー」と礼を言うくらいで、ヒンズー語は二つか三つの言葉しかわからないまま過ごしました。

インド人は民族も宗教も一様ではなく、さまざまな考え方や行動が日本人とまったく違っています。異なる考え方をする人と一緒にいて、思いも寄らない面白い発見をいろいろさせていただきました。

大まかに言えば、インドの仏教はほとんど途絶えたというのが実状です。ほんの一部の仏教徒が細々と生活しているだけで、とても残念に思います。仏教徒はチベット人のラマ僧、あるいはタイやスリランカから来た僧侶がお釈迦様と縁のある地域で暮らすだけの状況でした。

インドの国民の大多数はヒンズー教徒になって、お釈迦様の教えはほぼ壊滅状態です。驚いたことに、ヒンズー教の人たちは、釈尊もヒンズー教の一派の人物と思っています。最大の原因は、イスラム教徒がインドに侵入して、仏教の教えを破壊し、仏教徒を殺戮して寺院を壊したからだと聞きました。イスラム教は偶像崇拝が禁忌だから、むろん像はありません。マハトマ・ガンジーがインドを独立させた時、一つの国家にしたかったけれど、ヒンズー教徒とイスラム教徒の争いが絶えず、インドとパキスタンとバングラディシュの三つの国に分かれてしまいました。インドが三つに分かれたのはとても残念で、互いに認め合わないので、いまだに争いが続いて終わりが見えません。

日本人の宗教観は、自然崇拝と祖先崇拝に基づく素朴な神道に、仏教の高度な理論が重なって、神仏習合という他宗を許容する素晴らしい考え方を築き上げました。そして、織豊時代から徳川時代にかけて、どの家も特定の寺院に属して、お布施などによって寺院の経済を支援する檀家制度が確立されて、宗教間の争いは封印されました。

下関に吉水家を構えた私は現在、仏教と縁のない生活をしていますが、仏教の教えを少しでも実践したいと願っています。特に法然上人を信仰する気持が現在の心境で、煩悩・無明・我執に浸っている自分を情けなく思ったりもします。煩悩と無明の中にいる私には、悟りを開く道がまだ見えていないし、今後もおそらく悟れないでしょうが、私のような凡夫でも救いの手を差し伸べてくださる法然上人の教えに従うのが私の余世の勤めと思っています。命を賭して乱世を生き抜いた二人の蓮生にはとても及ばないものの、法然上人に捧げた両人の心意気が少しだけわかるような気がする昨今です。

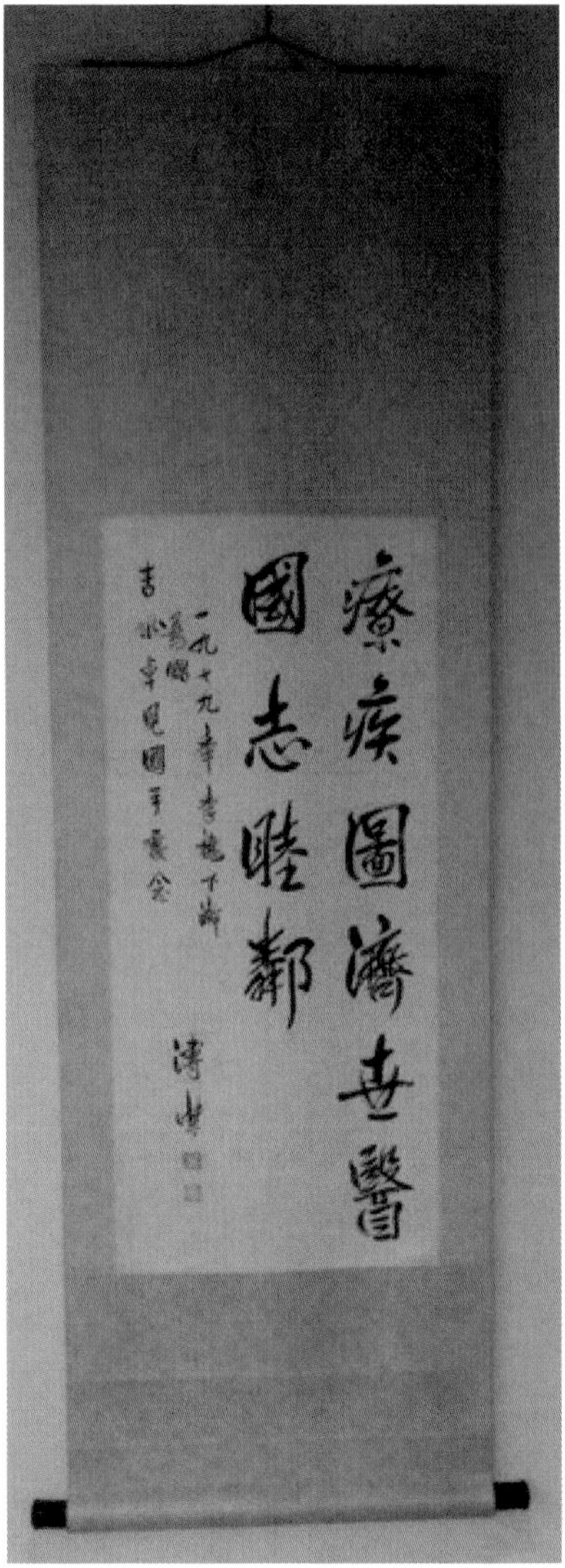

愛新覚羅溥傑殿下（清朝および満州国の皇帝であった溥儀の実弟）は書家として人気の高いお方でしたが、奥方であられた嵯峨浩様を定期的に拝診された吉水卓見に向けて、感謝の印として達筆を振るっていただけました（吉水文庫コレクションより）

【参考文献】

『倭国伝』藤堂明保・竹田晃・影山輝國／講談社学術文庫
『弥生時代の吉野ヶ里』佐賀県文化課文化財保護室
『古事記　祝詞』（日本古典文学大系1）倉野憲司／武田祐吉／岩波書店
『日本書紀』（日本古典全書1・2）武田祐吉／朝日新聞社
『風土記』（日本古典文学大系2）秋本吉郎／岩波書店
『平家物語講説』佐々木八郎／早稲田大学出版部
『平家物語（十二）』杉本圭三郎／講談社学術文庫
『武士の登場』（日本の歴史6）竹内理三／中央公論社
『鎌倉幕府』（日本の歴史7）石井進／中央公論社
『南北朝の動乱』（日本の歴史9）佐藤進一／中央公論社
『蒙古襲来』（日本の歴史10）網野善彦／小学館
『中世宇都宮氏』栃木県立博物館
『築上郡史』〈上巻・下巻〉築上郡豊前市教育振興会
『東西宇都宮太平記』原田種純／文芸社
『菊池武光』（日本の武将18）川添昭二／人物往来社
『歴代天皇総覧』笠原英彦／中公新書
『物語中国の歴史』寺田隆信／中公新書

著者（吉水卓見）年譜

西暦（和暦）	数え年	出来事
一九四二（昭和17）	1	福岡県築上郡椎田町東八津田三七六番地の無量院で誕生。
一九四五（昭和20）	3	終戦を迎える。
一九四九（昭和24）	7	八津田村立小学校に入学。
一九五五（昭和30）	13	小学校卒業。
一九五八（昭和33）	16	八築中学卒業。
一九六一（昭和36）三月	19	福岡県立京都高等学校卒業。
一九六一（昭和36）四月	19	熊本大学医学部に入学。（医学進学課程）
一九六八（昭和43）	26	大学を卒業し、医師免許を取得。琉球政府立沖縄中部病院にてハワイ大学のインターン教育を受ける。
一九六九（昭和44）	27	那覇市・大浜病院に勤務。
一九七〇（昭和45）	28	熊本大学体質医学研究所に入局。宮崎市・梅ケ丘病院の副院長を一年間勤める。
一九七一年（昭和46）	29	熊本大学体質医学研究所（生理学教室）の文部教官助手となる。
一九七二（昭和47）	30	是石千賀子と結婚。国立中津病院に勤務。
一九七四（昭和49）	32	飯塚病院で初めて血液透析センターを開設して、初代腎センター医長となる。
一九七七（昭和52）	35	医務官（理事官）として北京に赴任。在中国日本大使館駐在（モンゴル、ベトナム、香港、上海、広州等を兼轄）

一九八〇（昭和55）	38	領事（医務官）としてリオに赴任。在リオ・デ・ジャネイロ日本国総領事館駐在（ブラジリア、マナオス、ベレン、レシフェ、サン・パウロ、クリチバ、ポルト・アレグレ、アスンシヲン、エンカルナシオン、モンテヴィデヲ等を兼轄）
一九八二（昭和57）	40	海上自衛隊に入隊し、二等海佐となる。海幕衛生部・遠洋航海艦隊軍医長、潜水医学実験隊・実験一部長（潜医隊副長）を勤める。
一九八四（昭和59）	42	空団医務長となる。空団司令部衛生主任幕僚（連合艦隊・航空艦隊軍医長）
一九八六（昭和61）九月	44	吉水内科を開設。
一九九二（平成4）	50	昭和病院を開設。
一九九六（平成8）	54	社会福祉法人暁会を開設。
一九九七（平成9）	55	特別養護老人ホーム（介護福祉施設）フェニックスを開設。
二〇〇〇（平成12）	59	介護保険制度施行・実施。
二〇〇七（平成19）	66	北九州市指定管理制度により北九州市立門司病院を受託。
二〇一〇（平成22）	69	看護学校開設。理事長を退任。吉水一郎が理事長に就任し、会長になる。
二〇一一（平成23）	70	特定医療法人を取得。

◎本書と関係する歴史年表

五七	倭の奴国王が後漢に入貢して印綬を受ける。
二三九	邪馬台国の女王の卑弥呼が魏に使いを送って、親魏倭王の称号を受けたと『魏志倭人伝』に記されている。弥生時代を代表する佐賀県にある吉野ケ里遺跡は、邪馬台国時代の都市構造のイメージを彷彿させる。
二六六	倭の女王である臺与が晋に遣使する。
四二八	倭王武（雄略天皇）が宋に遣使して、安東大将軍の称号を受ける。
五二七	筑紫国で国造の磐井が朝廷に反乱を起こす。
五三八	仏教が百済の聖明王を介して公伝される。（五五二年の伝来説もある。）
五九三	四天王寺の建立。
六〇七	法隆寺の建立。
六六三	白村江の戦いで、唐・新羅の連合軍に倭軍が破れる。
六七〇	初めての戸籍である「庚午年籍」が作成された。
六九四	藤原京への遷都。
七〇一	「大宝律令」の制定。
七一〇	平城京へ遷都。
七一二	太安万侶によって『古事記』が編纂され、元明天皇に献上された。
七一三	『風土記』を編纂すべく官令が各地に出された。
七二〇	天武天皇の皇子である舎人親王らが撰者となって編集された『日本書紀』がわが国初の勅撰国史として完成した。
七二三	三世一身法を施行。
七二四	陸奥国に多賀城を設置。
七四〇	藤原広嗣が北九州で乱を起こす。
七四三	墾田永年私財法の施行。
七五二	聖武天皇の発願により、行基が実質上の指導者となって、七四五年から開始された東大寺の盧舎那仏像の制作が完成して開眼供養が行なわれた。
七六九	称徳天皇が道鏡を天皇位に就けようとして、宇佐八幡宮の神託を確認するために和気清麻呂を派遣すると、天つ日嗣は必ず皇緒を立てよのお告げが出された。
七八四	長岡京へ遷都。
七九四	平安京へ遷都。
八〇四	最澄と空海が入唐。
八〇五	最澄（伝教大師）が天台宗を開く。
八〇六	空海（弘法大師）が真言宗を開く。
八一五	嵯峨天皇の命により『新撰姓氏録』が編まれる。
八二三	太宰府の管内で公営田制を実施。
九〇一	菅原道真が太宰府に左遷される。
九一三	太宰府天満宮の創建。
九三九	平将門が国府に反乱を起こし、東国の武家が支配する世の先駆けとなった。
九四〇	藤原純友が乱を起こして失敗し、逃亡先の太宰府からも追われて、伊予に戻って

殺された。

一〇一九　刀伊の入寇。

一〇八六　白河法皇が院政を始める。

一一五六　保元の乱は寄進によって生じた荘園の支配権をめぐる抗争で、朝廷・貴族・武士が後白河天皇側と崇徳上皇側に分かれて争ったが、武士の力を借りなければ朝廷や貴族間の内部紛争を解決できないことが判明した。

一一五九　平治の乱は平清盛が源義朝を倒した源平の抗争の前哨戦で、武家が国家を支配する政治が始まった。

一一六七　平清盛が太政大臣となる。

一一七五　法然上人が浄土宗を開いた。

一一七七　鹿ケ谷の陰謀。

一一七九　平清盛が後白河法皇を幽閉する。

一一八〇　源頼政と以仁王が挙兵したが、宇治川の合戦に破れて頼政は自決し、以仁王は敗死する。
平清盛が福原京への遷都を強行する。
源頼朝が伊豆で挙兵したが、石橋山で破れる。
源義仲が木曽で挙兵して、諸国の武士の蜂起が相次ぐ。
源頼朝が侍所を設置する。
平家が都を福原から京に戻す。
平重衡が南都の興福寺および東大寺を焼き打ちして、大仏殿が焼失する。

一一八一　平清盛が没する。

一一八三　平氏十万の軍が越中で義仲軍に惨敗を喫す。
平家一門が安徳天皇と三種の神器を擁して西海に向けて都落ちする。
源義仲と源行家が入京する
後白河法皇が後鳥羽天皇を推挙する。
後白河法皇が義仲に平家追討の院宣を出す。
義仲が備中水島で平氏に破れる
義仲が後白河法皇の御所を焼打ちして法皇を幽閉する。

一一八四　源範頼・義経の軍が近江粟津で義仲を敗死させる。
源義経が一ノ谷の平氏軍を急襲して、平家は壊滅的な打撃を受けて屋島に逃走。
頼朝が公文所・問注所を設置する。

一一八五　義経が屋島を急襲して平家を敗走させる。
緒方惟義が平家から離れて源氏方に与する。
壇の浦の源平合戦で安徳帝が入水して平家が滅亡する。
源頼朝が義経の平家没官領を没収する。
後白河法皇が義経に迫られて、渋々ながら頼朝追討の院宣を出す。
義経が大物浦から九州へ向かう時、緒方惟義が船団を率いて迎えに来るが、嵐に遭遇して船が難破して九州行きは沙汰やみになる。

一一八九　源義経が衣川の戦いにおいて自決して果てる。
源頼朝が藤原泰衡を討って奥州を平定する。

一一九二	源頼朝が征夷大将軍に任ぜられる。
	宇都宮信房が仲津郡城井城で地頭を務める。
一一九八	熊谷直実（蓮生）によって粟生光明寺が開基される。
一一九九	源頼朝が没する。
一二〇四	源頼家が修禅寺で北条時政に殺される。
一二〇五	宇都宮頼綱が源実朝の殺害を図った嫌疑を受けて、一族の六十人とともに出家した。
一二〇七	法然上人が四国に配流される。
一二一二	法然上人が没した時、平六代の従兄弟である源智上人が近侍していた。源智上人は法然没後の京都における法然教団の維持に務めた。
一二一九	源実朝が公暁に殺害される。
一二二〇	慈円による『愚管抄』が刊行された。
一二三五	『小倉百人一首』の成立年は確定されていないが、藤原定家の日記『明月記』に「百来の人の歌各一首」を書き送った旨の記述が見られる。
一二四九	後嵯峨帝が一二四六年に後深草天皇に譲位したものの、数年後に弟に皇位を譲るよう強要して亀山天皇を即位させた。後深草系の持統院統と亀山系の大覚寺統に分かれて、両統迭立の約束がなされた。
一二七四	文永の役では、元軍が九州に上陸して攻撃してきた。
一二八一	弘安の役が始まり、元軍が再度の攻撃を行なう。
一三一八	後醍醐天皇が即位。
一三二四	後醍醐天皇が鎌倉幕府の討伐を企てた正中の変が起きる。
一三三一	後醍醐帝による鎌倉幕府討伐の企てである元弘の変もまた露見した。
一三三二	後醍醐天皇が隠岐島に配流される。
	鎌倉幕府が光厳天皇（北朝の始まりとされる）を立てる。
一三三三	鎌倉幕府が滅亡して、光厳天皇が廃されて、後醍醐帝による建武の新政が始まる。
	北畠顕家が義良親王を奉じて陸奥に赴く。
一三三五	北条時行が挙兵して中先代の乱を起こすが、尊氏に討伐される。
一三三六	尊氏軍が義貞・顕家の連合軍に破れて、丹波から九州へ逃れる。
	尊氏が筑前多々良浜の戦いで菊池武敏を破る。
	尊氏が体勢を整えて博多から東上する。
	湊川の戦いで楠木正成が敗死する。
	尊氏が光明天皇を擁立する。
	後醍醐帝が懐良親王を征西大将軍に任命して、九州への派遣を決定する。
	後醍醐帝が吉野に走って南朝（吉野朝）を立て、南北朝分裂が始まる。
一三三八	北畠顕家が後醍醐天皇に諫

	奏を捧げたあと、高師直に破れて戦死する。
	新田義貞が越前藤島の戦いで敗死する。
	光明天皇が足利尊氏を征夷大将軍に任命する。
一三三九	北畠顕房による『神皇正統記』が出された。
一三四一	懐良親王が忽那水軍の協力を得て薩摩に上陸する。
一三四八	懐良親王が征西府を開いて九州攻略を始める。
一三六八	足利義満が征夷大将軍となる。
一三七一	今川了俊が九州探題に就任する。
一三九二	南北朝の合一。
一三九七	足利義満が金閣を造営。
一五八五	羽柴秀吉が関白に就任する。
	四国が秀吉に平定される。
一五八六	秀吉が豊臣の姓を賜る。
一五八七	秀吉が九州を平定する。
	黒田如水が中津城を築城する。
一五八九	豊前宇都宮の鎮房が中津城に招待されて黒田長政によって謀殺され、鎮房の子息の朝房は秀吉の命で肥後に赴き加藤清正に謀殺された。長政に嫁いでいた鎮房の娘の千代姫をはじめ、鎮房の父の長房と鎮房夫人も磔に処せられ、豊前宇都宮家は壊滅した。
一五九二	文禄の役が始まり、翌年に休戦。
一五九七	慶長の役が始まり、太閤秀吉の死をもって日本軍が撤退して終結。
一六〇〇	関ヶ原の戦い。
一六一四	大坂冬の陣。
一六一五	大坂夏の陣で豊臣家が滅亡。
一八六六	第二次長州征伐の折、高杉晋作らに攻撃されて小倉城が落城する。
一八六八	元号が明治と改められ、一世一元の制を立てて、江戸が東京と改名され、明治天皇が京都から東京を移るなどの幕末から明治初年にかけての変革を明治維新と称している。
	神仏分離令によって神道を保護したため、全国にわたって廃仏毀釈の嵐が吹き荒れた。
一八七〇	明治政府により『自今平民苗氏被差許候事』（平民苗字許可令）が出される。
一九四五	第二次世界大戦における無条件降伏を要求するポツダム宣言を受諾して、八月十五日の玉音放送によって終戦を迎えた。
	GHQによる「農民革命についての覚書」に基づき十二月に農地調整法が公布されて、農地改革が始まった。
一九四七	教育基本法と学校教育法が公布されて、小学校6年・中学校3年の義務教育制度がスタートした。
一九六三	豊前に属する小倉と門司、筑前に属する八幡・若松・戸畑の5市が二月十日に合併して福岡県北九州市となった。

あとがき

落人伝説という用語は、ほぼ平家のそれとして使われますが、福岡県築上町の紫雲山長泉院（旧無量院）に伝わるエピソードも平家伝説の一つです。

『平家物語』は大抵、下関の壇之浦で入水したが救われた安徳帝の母である建礼門院の生涯を語る「灌頂の巻」を巻末に添えていますが、古い形態は巻12の巻尾に平六代（平清盛の曽孫の平高清）を処刑するシーンを載せて平家一門の絶滅で結び、冒頭で奏でる「諸行無常、盛者必衰」の哲学を想起させ、起・結を対比させるドラマチックな展開に仕立てて、読者を深い感傷へと誘《いざな》います。

しかし、史料では六代が処刑された年月日を確認できないし、没年齢にもいくつかの説があり、処刑の場も定まらないので、生き延びて九州の落人になったと想定しても不思議ではありません。そのじつ、豊前の海として広がる周防灘は、壇之浦を含む関門海峡の目と鼻の先にあるがゆえに、当然ながら九州各地に平家の落人伝説が分布しています。

伝説はいわゆる昔話だから、証言者はいません。昔話も、民話も、おとぎ話も、神話も、人間の深層心理に具わる道徳意識のストックみたいで、各地で多種多様なバージョンを見せています。歴史は語り手によって整理され、歴史家は史料として残る文献・文物などに基づいて、筋道のある物語を構成しますが、良心的な史学者は推測を禁欲的に控えます。著者が事象の目撃者であっても、内在する要因の解釈は個人的な見解にすぎず、事実であっても真相を引き出せているとは言い兼ねるからです。歴史をいくら深堀りしても、確実な証拠が提出されないかぎり、とどのつまり仮説の域を出られません。もっとも、小説はフィクションだから、小説家は想像を逞しゅうして、独自の世界観に基づく大胆な推理を許されています。

本書は歴史書でもなく、物語的な著作物でもありません。吉水卓見氏は記憶力に優れ、読書を趣味にして、関心を抱いた歴史的事象を自らの人生体験から生まれた篩《ふるい》で濾し分け、故郷の京築地方に残る伝承話をお披露目しています。史学でも史観でもない産業人の立場から人間の本質をまさぐりながら、歴史学者や小説家とは異なる独特の解釈を施し、歴史に潜む真実を取り出して未来を考える資料とし、現場感覚で現実社会を考えようとするかのようで、岡倉天心が「歴史の中に未来が横たわっていることを本能的に知る」と述べた言葉を思い出させます。

ＤＮＡ上の日本人は、縄文人・弥生人・古墳人（数種）をブレンドした民族と見なせますが、列島は江戸時代までほぼ孤立を維持しながら、国内の抗争だけに始終してきました。しかし、明治以降は外国と肩を並べて競争せざるを得なくなり、近代日本は国民に努力して立派な人間になりなさいという要望を突き付けました。吉水氏は戦時中の生まれだけに、ご本人の好むと好まざるとにかかわらず、我を忘れて、勇気と情熱を旗印に掲げ社会貢献を果たしてきた昭和人という印象です。

（藤田修司）

源平合戦の残り香 ～無量院の六代

2024年4月8日初版発行

著　　　者　吉水 卓見
発　行　者　藤田 修司
発　行　所　新日本教育図書株式会社
山口県下関市長府扇町 9-2
TEL 083-249-1151　FAX 083-249-1152
http://www.snkkoi.com　E-mail snk@snkkoi.com
図版制作・印刷　株式会社三和印刷社
ISBN978-4-88024-643-7